RESISTENCIA AL SOCIALISMO
ES
OBEDIENCIA A DIOS!

RESISTENCIA AL
SOCIALISMO
ES
OBEDIENCIA
A DIOS!

DR. LLOYD STEBBINS

XULON PRESS

Xulon Press
2301 Lucien Way #415
Maitland, FL 32751
407.339.4217
www.xulonpress.com

El libro en rústica ISBN-13: 978-1-6628-2122-6
Liibro electronico ISBN-13: 978-1-6628-2123-3

A mi esposa creativa, reflexiva y hermosa, Lou, quien también
es mi editora favorita.

y

nuestros increíbles, maravillosos y amorosos hijos adultos.

John Horsely Putt, III y Twyla
Caperton Davenport Putt & Drew
Mandy Black y Mark
Jill Gresh y Rob
Traci Ivey y Nick

Tabla de Contenido

Reconocimiento

La Publicacion de esta edicion no hubiera sido posible sin el entusiasmo y esfuerzo de Joaquin Franco and Reverendo Stanley Black. Su dedication con mucho amor es agradecida a pesar de estar muy ocupado durante estos dias del ano.

PREFACIO

As elecciones presidenciales de 2020 produjeron indicios masivos de un profundo sesgo institucional y un fraude electoral notorio. Sin embargo, hubo muy poca voluntad política e incluso menos voluntad judicial para investigar las irregularidades y proporcionar las medidas correctivas necesarias. El proceso electoral está en ruinas y no es probable que mejore en el corto plazo.

Mucho más devastadora es la aparente aceptación generalizada de la deshonestidad manifiesta como una forma de vida. El deterioro del proceso electoral es un indicador de la falta de normas éticas y morales sólidas que subyacen a la cultura estadounidense. Es una medida más de hasta qué punto ha caído la cultura estadounidense en los últimos 70 años. Como tal, el libro "Target America–Target YOU!" debe complementarse para aclarar el fundamento espiritual de todos los problemas culturales importantes, proporcionar aliento para un momento difícil y establecer un plan de acción práctico.

NOTA: Las citas de la Biblia son de las versiones indicadas. Las citas atribuidas a otras figuras famosas son de:

1) David Barton (2011), Intención original: los tribunales, la constitución y la religión,

2) William Federer (2003), Acta estadounidense: eventos notables de importancia estadounidense recordados en la fecha en que ocurrieron o

3) William Federer (1996), El Dios y el país de Estados Unidos: Enciclopedia de citas.

Ciertos elementos de la narrativa fueron inspirados por el reverendo *George Whitefield*, el reverendo *Jonathan Edwards* [ambos líderes del Gran Despertar (espiritual) que impulsó la Guerra de Independencia, conocido hoy en la Revolución Americana], *Charles Spurgeon* y muchos ministros del Movimiento puritano en los siglos XVI, XVII y XVIII. Nos legaron bibliotecas enteras de material que proyectan océanos del amor incondicional de Dios sin una sola línea de legalismo. Un redescubrimiento de sus escritos en los **últimos** 50 años puede desencadenar otro despertar hoy, el despertar por el que millones están orando.

Actualmente, los Estados Unidos de América se encuentran en el camino hacia el totalitarismo. El socialismo es solo un hito en el camino. Un número creciente de conservadores y liberales ha advertido públicamente de los numerosos y cada vez más conspicuos signos en el camino. El silencio letárgico y apático de los creyentes judeocristianos ha sido uno de los facilitadores más profundos de la huida de Dios de todos los tiempos. Las consecuencias se avecinan.

Considere dónde hemos estado antes de examinar hacia dónde nos dirigimos. Durante casi cuatro siglos, los líderes nacionales coloniales y posteriores han visto a Estados Unidos como una Tierra Prometida de hoy en día. Las observaciones casi perfectas desde los primeros colonos hasta los presidentes modernos han comparado la experiencia estadounidense con la de los antiguos israelitas, especialmente durante el período de 400 años de los jueces.

Después de la Guerra de Independencia (Guerra Revolucionaria), **John Jay**, Presidente del Congreso Continental; Más tarde, el primer presidente de la Corte Suprema de los Estados Unidos (1777) observó, "… Los muchos… eventos notables por los cuales nuestras necesidades han sido suplidas y nuestros enemigos repelidos… son pruebas tan fuertes y contundentes de la interposición del Cielo, que nuestro haber hasta ahora debería haber sido liberado de la esclavitud amenazada de Gran Bretaña, como la emancipación de los judíos de la servidumbre egipcia".

"Los principios … que entraron en la Declaración de Independencia … se encuentran en … los sermones … del clero colonial temprano … Ellos predicaron la igualdad porque creían en la paternidad de Dios y la hermandad del hombre. Justificaron la libertad por el texto de que todos fuimos creados a la imagen Divina." **Presidente Calvin Coolidge**, 5 de julio de 1926

"La base fundamental de las leyes de esta nación le fue dada a Moisés en el Monte. La base fundamental de nuestra Declaración de Derechos proviene de las enseñanzas que recibimos de Éxodo y San Mateo, de Isaías y San Pablo. No creo que lo enfaticemos lo suficiente en estos días. ¡Si no tenemos un trasfondo moral fundamental adecuado, finalmente terminaremos con un gobierno totalitario que no cree en los derechos de nadie excepto del Estado!" **Presidente Harry S. Truman**, 1950, Conferencia del Fiscal General

Hoy, Estados Unidos es un país socialista. En su nivel más profundo, el socialismo es una victoria temporal de la "sabiduría" corrupta y seriamente defectuosa del hombre sobre la sabiduría del prefecto de Dios. El socialismo es una manifestación externa del cautiverio interno del pecado. Es fácilmente visible tanto en los incrédulos como en los creyentes que, por sus acciones, vuelven repetidamente al pecado de su cautiverio anterior.

> *"¡Ay de los que llaman al mal bien y al bien mal, que ponen tinieblas por luz y luz por tinieblas, que ponen lo amargo por dulce y lo dulce por amargo! ¡Ay de los sabios a sus propios ojos y astutos ante sus propios ojos!"* [**Isaías 5: 20-21 ESV**]

Cualquier camino para resolver controversias culturales debe reconocer primero que no existe un conflicto inherente entre la Iglesia y el Estado, pero que existe una interdependencia vital entre la Iglesia y el Estado. Todos los problemas culturales tienen raíces espirituales; no se pueden resolver ni superar con tiritas políticas. La capacidad de considerar los problemas desde una perspectiva holística se ha visto seriamente obstaculizada por una serie de decisiones de activistas de la Corte Suprema de los Estados Unidos, especialmente *Everson v. Board of Education* (1947), que cambió el concepto de separación de iglesia y estado y lo aplicó. de formas que nadie había soñado en los 150 años anteriores. El mismo Tribunal reinterpretó radicalmente la Declaración de Derechos, que originalmente tenía la intención de limitar duramente al gobierno federal. Por primera vez *Everson v. La Junta de Educación* requirió que el gobierno federal aplicara posteriormente la Declaración de Derechos a los estados, los gobiernos locales e incluso a las personas. El impacto fue inmediato, enorme y catastrófico.

La fuerza bruta del gobierno entra en conflicto con la naturaleza voluntaria del cristianismo—Los estudiosos han demostrado repetidamente que la motivación intrínseca (hacer algo porque quieres) es mucho más poderosa que la motivación extrínseca (hacer algo por una recompensa tangible o no hacerlo para evitar un castigo tangible). El gobierno solo puede manipular a las personas externamente con la amenaza de la fuerza bruta y ocasionalmente con recompensas tangibles o amenazas de castigos. Las acciones del gobierno se limitan a la motivación extrínseca. Dios proporciona el amor y las convicciones profundas del alma que producen una motivación intrínseca, un anhelo interno de acatar la ley.

Debido a la naturaleza voluntaria de casi todo en el cristianismo, los creyentes aprenden a restringir instintivamente el comportamiento inapropiado y exhibir un comportamiento deseable, con orgullosas excepciones visibles como fallas humanas comunes. Motivar a las personas es mucho más poderoso y duradero cuando están inspiradas para querer hacer lo correcto. Esa es la motivación intrínseca.

Las tres ramas del gobierno están separadas para protegerse contra la orgullosa (pecaminosa) concentración de poder. Sin embargo, el gobierno debe cooperar con la iglesia (no como una organización, sino como un cuerpo de individuos comprometidos a hacer lo correcto) para comprometer el poder persistente de la motivación intrínseca.

El gobierno de los Estados Unidos no puede perdurar sin el cristianismo. El gobierno nunca puede adoptar suficientes leyes o reclutar suficientes agentes de la ley para estabilizar permanentemente una cultura humanista impía basada únicamente en la motivación extrínseca. La estabilidad cultural a largo plazo solo surge de las raíces espirituales del cristianismo.

El resultado inevitable de la actual cultura políticamente correcta, despertar y cancelar es que el socialismo llega a un vecindario cerca de USTED. "Sin embargo, no me escucharon ni inclinaron el oído, sino que endurecieron el cuello. Lo hicieron peor que sus padres. ... 'Esta es la nación que no escuchó la voz del Señor su Dios, y no aceptó la disciplina; la verdad ha perecido; es cortado de sus labios". *[Jeremías 7: 26-28 RSV]*

El materialismo excesivo viola los diez grandes y preciosos mandamientos de Dios y se convierte en el mayor **ídolo** falso que abre la puerta a muchos otros. Los Estados Unidos de hoy están llenos de distracciones e **ídolos** falsos que socavan la naturaleza judeocristiana de la cultura que ha sido tan estable durante casi 400 años. El materialismo excesivo es probablemente el **ídolo** falso más visible y es un indicador especialmente fácil de seguir de cuán lejos ha caído la cultura en un período de tiempo espectacularmente corto. De hecho, el materialismo excesivo viola todos los Diez Mandamientos de Dios.

De manera similar, el socialismo o cualquier gobierno excesivo viola virtualmente los diez de la Declaración de Derechos La gracia de Dios fluye a través de la naturaleza espiritual de la gente, e históricamente fluye a través de los espíritus de los Fundadores, hacia la formación y administración de la forma constitucional de gobierno de Estados Unidos. Sabiendo que la libertad es un regalo de Dios y solo de Dios, los Fundadores estructuraron el gobierno para proteger el maravilloso regalo de Dios como la máxima prioridad del gobierno.

Las desviaciones de esa prioridad se vuelven especialmente visibles cuando se observa que un gobierno excesivo viola libremente la Declaración de Derechos.

Durante mucho tiempo, la serpiente del socialismo se ha deslizado por el jardín de Estados Unidos. Hasta la fecha, el socialismo, disfrazado de socialismo demócrata, ha capturado sigilosamente el liderazgo de la mayoría de las principales instituciones, incluido el Partido Demócrata, numerosas élites republicanas, los medios tradicionales, las redes sociales de alta tecnología, Hollywood y los deportes profesionales y muchas grandes corporaciones. Los seguidores están en todas partes. Una línea de tiempo importante en el Capítulo 7, demuestra profundamente cómo la libertad ha sido malgastada por el público estadounidense en general y los creyentes judeocristianos en particular.

Sin embargo, hay buenas noticias para los que sufren del socialismo. La buena noticia es que Dios siempre ha tenido un remanente, incluso hoy, cuando Estados Unidos parece encaminarse hacia el cautiverio del socialismo. Recuerde que en la antigüedad, el Señor le dijo al profeta Jeremías que estaba enviando a Judá al cautiverio de Babilonia, "para su bien". ¿Como puede ser? ¿Cómo puede haber un bien neto en la dureza del cautiverio? Descúbrelo en el Capítulo 8.

¡USTED DEBE ESTAR EN LA BATALLA!

"... SI LOS CIMIENTOS SON DESTRUIDOS, ¿qué pueden hacer los justos?" [*Salmo 11: 3 Español*] Estados Unidos ha perdido su primer amor. Estados Unidos se ha olvidado de Dios. La vasta y compleja red de disputas culturales surgió de la deriva cultural a largo plazo de Dios, de hacer lo que es correcto a los ojos de Dios a hacer lo que es correcto a los propios ojos. La deriva de Dios conduce inevitablemente al socialismo y luego al totalitarismo.

Las **únicas** soluciones sostenibles pueden surgir del regreso de Jesucristo, el mayor despertar de todos los tiempos o un despertar general del cuerpo de creyentes a la vida que Dios originalmente quiso. Esa vida vivida deliberadamente despertará la envidia de Romanos 11 e innumerables oportunidades para decirles a otros la razón del gozo cristiano.

Para ser eficaz, cualquier despertar generalizado debe comenzar con USTED, conmigo y con la mayoría de los demás creyentes. Debe comenzar ahora. Siga leyendo y disfrute del libro. Le gustarán las citas y las nuevas perspectivas presentadas. Estará especialmente energizado en el Capítulo 9.

CAPÍTULO UNO

CASI CUATRO SIGLOS DE TIERRA PROMETIDA

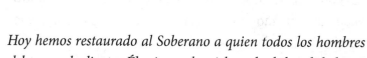

Hoy hemos restaurado al Soberano a quien todos los hombres deben ser obedientes. Él reina en los cielos y desde la salida hasta la puesta del sol, que venga su reino. Fundador Samuel Adams, al firmar la Declaración de Independencia

Finalmente, no olvidemos el carácter religioso de nuestro origen. Nuestros padres fueron traídos aquí por su gran veneración por la religión cristiana. Viajaron a su luz y trabajaron en su esperanza. Buscaron incorporar sus principios a los elementos de su sociedad y difundir su influencia a través de todas sus instituciones, civiles, políticas o literarias. Senador Daniel Webster

E l gobierno colonial y luego el de los Estados Unidos fueron creados para asegurar una cultura de estabilidad cívica dentro de la cual practicar la estabilidad espiritual. La estabilidad dual se adoptó dentro del concepto más amplio y familiar de libertad de religión.

Los colonos vieron su **éxodo** de la tiranía europea como un análogo cercano y moderno del **éxodo** bíblico de los antiguos israelitas de Egipto. Los primeros colonos se inspiraron con frecuencia en el

1

registro del Antiguo Testamento sobre los antiguos israelitas. Su vínculo espiritual con los antiguos israelitas se extendió a 1) el día de hoy, 2) la creación del moderno estado de Israel y 3) la urgencia y el apoyo continuo de Israel.

John Winthrop, Puritan (1630), primer gobernador de la colonia de la bahía de Massachusetts, escribió:

> Encontraremos que el Dios de Israel está entre nosotros, cuando diez de nosotros podamos resistir a mil de nuestros enemigos; cuando Él nos haga una alabanza y gloria que los hombres digan de las plantaciones sucesivas, 'que el Señor lo haga como el de Nueva Inglaterra'. Porque debemos considerar que seremos como una ciudad sobre una colina. Los ojos de todas las personas están sobre nosotros.

> De modo que si tratamos falsamente con nuestro Dios en esta obra que hemos emprendido, y así le hacemos retirar su ayuda actual de nosotros, seremos hechos una historia y un refrán en todo el mundo. Abriremos la boca de los enemigos para hablar mal de los caminos de Dios, y todos los profesantes por amor de Dios. Avergonzaremos los rostros de muchos de los dignos siervos de Dios, y haremos que sus oraciones se conviertan en maldiciones sobre nosotros hasta que seamos consumidos de la buena tierra adonde vamos ... 'Pero si nuestro corazón se aparta, entonces lo haremos no obedecerán, sino que serán seducidos, y adorarán y servirán a otros dioses, nuestros placeres y ganancias, y sírveles; se nos ha propuesto este día; sin duda pereceremos de la buena tierra por la que pasamos por este vasto mar para poseerlo. [Inspirado en Deuteronomio 30]

Los comentarios de Winthrop se referían a *Mateo 5:14 KJV*, "*Vosotros sois la luz del mundo. Una ciudad asentada sobre una colina no se puede esconder."* También destaca el testimonio cristiano de nuestra nación, así como los testimonios de familias e individuos que reflexionan sobre Dios para bien o para mal, dependiendo del comportamiento visible.

Más adelante, en "Historia de la plantación de Plymouth" (1650), el gobernador **William Bradford** escribió: "Nuestros padres ... llegaron a este gran océano y estaban listos para perecer en este desierto; pero ellos clamaron a ti, Señor, y Él escuchó su voz ... como una pequeña vela puede encender a mil, así la luz aquí encendida ha brillado sobre muchos, sí, de alguna manera, para toda nuestra nación; que el glorioso nombre de Jehová tenga toda la alabanza".

Muchos años después, *Abigail Adams*, esposa del Fundador / Presidente John Adams proclamó: "La carrera no es para los ligeros, ni la batalla para los fuertes, sino el Dios de Israel es el que da fuerza y poder a su pueblo. Confía en Él en todo momento, pueblos, derramad vuestro corazón ante él; Dios es un refugio para nosotros". El esposo de Abigail, el Fundador (y más tarde presidente) *John Adams* agregó: "Los estadistas, mi querido señor, pueden planear y especular para la libertad, pero es la religión y la moralidad solamente las que pueden establecer los principios sobre los cuales la libertad puede basarse con seguridad". 21 de junio de 1776

El 5 de junio de 1788, *Samuel Langdon* pronunció un sermón electoral titulado La República de los israelitas, un ejemplo para los Estados americanos. Se graduó de Harvard y luego se convirtió en su presidente. En el medio, Samuel fue capellán del ejército durante la Guerra de la Independencia, siempre un patriota comprometido con la sagrada causa de la libertad. En otras ocasiones, fue pastor de dos iglesias de New Hampshire. La siguiente serie de nueve párrafos de extractos de sermones es un poco larga pero especialmente poderosa.

Las primeras diez páginas de un mensaje de diecinueve páginas se dedicaron a un análisis muy detallado de la forma republicana de gobierno que disfrutaban los antiguos israelitas durante el período de cuatrocientos años de los Jueces. Las observaciones de Samuel incluyeron, "*... los israelitas pueden ser considerados como un modelo para el mundo en todas las edades; y de ellos podemos aprender lo que exaltará nuestro carácter, y lo que nos deprimirá y arruinará*" y "*considere el culto nacional que Dios estableció entre su pueblo*; de lo cual dependía mucho su obediencia a la ley moral: porque a menos que rindieran constante reverencia y homenaje a su Dios, de acuerdo con su naturaleza y voluntad, pronto se liberarían de todas las demás obligaciones con la moral".

El propio entusiasmo de Samuel brilló intensamente: "¡Cuán incomparable fue este rápido progreso de los israelitas, desde la abyecta esclavitud, la ignorancia y la casi total falta de orden, hasta un establecimiento nacional perfeccionado en todas sus partes mucho más allá de todos los demás reinos y estados! ... de una mera turba, a una nación bien regulada, bajo un gobierno y leyes muy superiores a las que cualquier otra nación podría jactarse! *Pasó mucho tiempo después de que se diera la Ley de Moisés antes de que el resto del mundo supiera algo sobre el gobierno por ley*" y "... su Dios proveyó todo lo necesario para su felicidad, y nada más quedó a su propia sabiduría que someterse a su autoridad, y se adhieren estrictamente a sus mandamientos: por esto, su reputación entre las naciones habría sido igual a la excelencia de sus leyes".

Lamentablemente, según Samuel, "Ellos (los israelitas) nunca se adhirieron en la práctica ni a los principios de su política civil ni a su religión: pero de su práctica dependía la prosperidad y el honor de la nación. Recibieron su ley de Dios, pero no la guardaron. Descuidaron su gobierno, corrompieron su religión y se volvieron disolutos en su moral, y en tal situación ninguna nación bajo el cielo puede prosperar.

El mismo Samuel declaró el propósito de la larga lección de historia,"... en lugar de las doce tribus de Israel, podemos sustituir los trece estados de la unión americana, y ver esta aplicación claramente ofreciéndose, es decir, que como Dios en el curso de Su amable providencia le ha dado una excelente constitución de gobierno, fundada en los principios más racionales, equitativos y liberales, mediante la cual se asegura toda la libertad que un pueblo puede reclamar razonablemente, y usted está facultado para hacer leyes justas para promover el orden público. y buenas costumbres; y como además os ha dado por medio de su hijo Jesucristo, que es muy superior a Moisés, una completa revelación de su voluntad y un perfecto sistema de religión verdadera, claramente expresado en los escritos sagrados; será tu sabiduría a los ojos de las naciones, y tu verdadero interés y felicidad, para conformar su práctica de la manera más estricta a los excelentes principios de su gobierno, adherirse fielmente a las doctrinas y mandamientos del evangelio y practicar todas las virtudes públicas y privadas. Con esto aumentarás en número, riqueza y poder, y obtendrás reputación y dignidad entre las naciones, mientras que la conducta contraria te hará pobre, angustiado y despreciable.

Como prueba, citó Samuel, "las señales interposiciones de la divina providencia, al salvarnos de la venganza de una poderosa nación irritada, de la cual estábamos inevitablemente separados por su inadmisible reclamo de poder parlamentario absoluto sobre nosotros; en darnos un Washington para que sea capitán general de nuestros ejércitos, en llevarnos a través de las diversas escenas angustiosas de guerra y desolación, y hacernos dos veces triunfantes sobre numerosos ejércitos, rodeados y cautivados en medio de su carrera; y finalmente dándonos la paz, con un territorio extenso y reconocida independencia; *todos estos juntos no llegan a ser verdaderos milagros y una carta celestial de libertad para estos Estados Unidos".*

Además, "Y cuando reflexionamos, cuán maravillosamente se conservó el orden de estos estados cuando el gobierno fue disuelto, o apoyado solo por débiles apoyos; con cuánta sobriedad, sabiduría y unanimidad formaron y recibieron las constituciones diversificadas pero similares en los diferentes estados; con qué prudencia, fidelidad, paciencia y acierto el Congreso ha manejado el gobierno general, bajo los grandes inconvenientes de una confederación muy imperfecta e impotente; *no podemos dejar de reconocer que Dios ha patrocinado bondadosamente nuestra causa y nos ha tomado bajo su cuidado especial, como lo hizo con su antiguo pueblo del pacto."*

Como para subrayar pruebas anteriores, Samuel agregó: "La sabiduría es un don de Dios y la felicidad social depende de su gobierno providencial; por lo tanto, si estos estados han formulado sus constituciones con sabiduría superior y asegurado sus derechos naturales y todas las ventajas de la sociedad, con mayor precaución que otras naciones, podemos afirmar con razón que Dios nos ha dado nuestro gobierno; que nos ha enseñado buenos estatutos y juicios, tendiendo a hacernos grandes y respetables a la vista del mundo".

Sin embargo, los grandes dones y bendiciones de Dios vienen con una advertencia convincente. Samuel observó: "Ahora nuestra parte es hacer una sabia mejora de lo que Dios nos concede, y no descuidar ni despreciar nuestros privilegios distintivos: porque la mejor constitución, mal administrada, pronto caerá y se convertirá en anarquía o tiranía. Sin el cuidado constante de sus familias, tendrá malos sirvientes y sus propiedades se desperdiciarán. Por eso debemos prestar atención constante a la gran familia, si deseamos ser un pueblo libre y feliz", y "Del pueblo, por lo tanto, de estos Estados Unidos depende si son sabios o necios, buenos o malos, los gobernará; si tendrán leyes justas, una administración fiel del gobierno y un buen orden permanente, paz y libertad; o, por el contrario, sentir cargas insoportables,

Finalmente, "No permitan que hombres abiertamente irreligiosos e inmorales se conviertan en sus legisladores; porque ¿cómo puedes esperar que sean promulgadas leyes buenas por hombres que no temen a Dios ante sus ojos, y que pisotean valientemente la autoridad de sus mandamientos?" y "Yo (Samuel) te exhorto a:

... PRESERVAR EL CONOCIMIENTO DE DIOS EN LA TIERRA, Y ATIENDAN A LA REVELACIÓN QUE NOS HA ESCRITO DESDE EL CIELO. SI DESCUIDA O RENUNCIA A LA RELIGIÓN ENSEÑADA Y ORDENADA EN LAS SAGRADAS ESCRITURAS, NO PIENSE MÁS EN LA LIBERTAD, LA PAZ Y LA FELICIDAD; LOS JUICIOS DEL CIELO TE PERSEGUIRÁN".

Samuel agregó una amonestación de despedida de vital importancia: "Tengan cuidado de asimilar los principios licenciosos de los hombres que actúan para hacer que toda religión sea dudosa, persuadiéndolos de que todo tipo de religión es igualmente aceptable para Dios si un hombre es sincero en ella; porque esto hace que la revelación sea inútil ... *si nuestra religión es abandonada, toda la libertad de la que nos jactamos pronto desaparecerá*; un pueblo profano e inicuo no puede esperar las bendiciones divinas, pero se puede predecir fácilmente que "el mal les sobrevendrá en los últimos días".

Después de la Guerra de Independencia (Guerra Revolucionaria), **John Jay**, Presidente del Congreso Continental; Más tarde, el primer presidente de la Corte Suprema de los Estados Unidos

(1777) observó: "Esta gloriosa revolución ... se distingue por tantas señales de favor e interposición divinos ... y puedo decir milagrosa, que cuando las edades futuras lean su historia, serán tentados considerar una gran parte de ella como fabulosa ... Los muchos acontecimientos notables ... por los cuales nuestras necesidades han sido suplidas y nuestros enemigos repelidos ... son pruebas tan fuertes y sorprendentes de la interposición del Cielo, que hasta ahora hemos sido liberados de la esclavitud amenazada de Gran Bretaña debería, como la emancipación de los judíos de la servidumbre egipcia". *El presidente John Adams* reafirmó: "La religión y la virtud son los únicos fundamentos, no sólo de todo gobierno libre, sino de la felicidad social bajo todos los gobiernos y en todas las combinaciones de la sociedad humana", 28 de agosto de 1811.

A mediados del siglo XIX (17 de junio de 1843), *el senador Daniel Webster* declaró: "La Biblia vino con ellos. Y no hay duda de que a la lectura libre y universal de la Biblia, en esa época, los hombres estaban muy en deuda con los puntos de vista correctos de la libertad civil. La Biblia es un libro de fe, y un libro de doctrina, y un libro de moral, y un libro de religión, de revelación especial de Dios; pero también es un libro que enseña al hombre su propia responsabilidad individual, su propia dignidad y su igualdad con su prójimo.

"Los principios ... que entraron en la Declaración de Independencia ... se encuentran en ... los sermones ... del clero colonial temprano ... Ellos predicaron la igualdad porque creían en la paternidad de Dios y la hermandad del hombre. Justificaron la libertad por el texto de que todos fuimos creados a la imagen Divina." *Presidente Calvin Coolidge*, 5 de julio de 1926

"La base fundamental de las leyes de esta nación le fue dada a Moisés en el Monte. La base fundamental de nuestra Declaración de Derechos proviene de las enseñanzas que recibimos de Éxodo y San Mateo, de Isaías y San Pablo. No creo que lo enfaticemos lo suficiente en estos días. ¡Si no tenemos un trasfondo moral fundamental adecuado, finalmente terminaremos con un gobierno totalitario que no cree en los derechos de nadie excepto del Estado!" ***Presidente Harry S. Truman***, 1950, Conferencia del Fiscal General

"He citado las palabras de John Winthrop más de una vez en la campaña electoral de este año, porque creo que los estadounidenses en 1980 están tan comprometidos con esa visión de una 'ciudad en una colina' brillante, como lo estaban aquellos colonos de hace mucho tiempo ... [Los visitantes de hoy] a esa ciudad en el Potomac no vienen como blancos o negros, rojos o amarillos; no son judíos ni cristianos; conservadores o liberales; o demócratas o republicanos. Son estadounidenses asombrados por lo que ha sucedido antes, orgullosos de lo que para ellos sigue siendo ... una ciudad brillante en una colina." ***Ronald Reagan***, víspera de las elecciones presidenciales, noviembre de 1980.

Nuevo nacimiento de la libertad

Un claro anuncio temprano del don de la libertad de Dios en el Nuevo Mundo fue el Pilgrim's Mayflower Compact,

En el nombre de Dios, Amén. Nosotros, cuyos nombres están suscritos, los súbditos leales de nuestro temido Soberano Señor el Rey James, por la Gracia de Dios de Gran Bretaña, Francia e Irlanda Rey, Defensor de la Fe, etc. Habiendo emprendido para la Gloria de Dios y el avance de la Christian

Faith and Honor of our King and Country, un viaje para plantar la primera colonia en las partes del norte de Virginia, hacer con estos presentes solemne y mutuamente en la presencia de Dios y el uno del otro, pactar y unirnos en un cuerpo civil. Política, para nuestro mejor ordenamiento y preservación y promoción de los fines antes mencionados; y en virtud del presente para promulgar, constituir y formular leyes, ordenanzas, actos, constituciones y oficios justos e iguales de vez en cuando, según se considere más adecuado y conveniente para el bien general de la Colonia, a lo que prometemos toda la debida sumisión y obediencia. En testimonio de lo cual, a continuación hemos suscrito nuestros nombres en Cape Cod, el 11 de noviembre, en el año del reinado de nuestro Soberano Lord el Rey James, de Inglaterra, Francia e Irlanda el 18 y de Escocia el 54. Anno Domini 1620.

> "La libertad es una necesidad del alma y nada más. Al esforzarse hacia Dios, el alma se esfuerza continuamente por alcanzar una condición de libertad. Dios solo es el incitador y garante de la libertad. Él es el único garante. La libertad exterior es solo un aspecto de la libertad interior. La libertad política, como la ha conocido el mundo occidental, es solo una lectura política de la Biblia. La religión y la libertad son indivisibles. Sin libertad el alma muere. Sin el alma no hay justificación para la libertad."
> Whittaker Chambers, [Periodista, autor, ex comunista desertó a Occidente] 1952, Testigo

En los primeros días, los Peregrinos intentaron un arreglo de propiedad comunal, creían que modelaba el Libro de los Hechos en la Biblia. Los críticos modernos han acusado a los peregrinos de una forma de comunismo, aunque el concepto no se creó hasta muchos siglos después. Sin embargo, claramente no funcionó y fue reemplazada por la libertad personal codificada más tarde en una serie de documentos estadounidenses, que culminaron en la Constitución de los Estados Unidos.

En 1956, el director **Cecil B. DeMille** presentó la película clásica Los diez mandamientos como la historia del nacimiento de la libertad. Los israelitas del "Éxodo" bíblico habían estado cautivos (esclavos) de los egipcios durante 400 años.

Hace más de 3000 años, Dios les dijo a los israelitas de antaño que los conduciría a su Tierra Prometida, Canaán. De manera similar, los colonos cristianos vieron el Nuevo Mundo como su "tierra prometida". Fueron impulsados por su fe y celo misionero a difundir el mensaje del evangelio de Dios. Anhelaban difundir la Palabra de Dios a cualquiera que quisiera escuchar, especialmente a los indios (más tarde conocidos como nativos americanos) que nunca antes habían estado expuestos a ella. El celo misionero se encuentra en casi todas las cartas coloniales, así como en los escritos de muchos de los colonos y sus líderes.

La comparación de la América colonial con el antiguo Israel fue mucho más que una analogía pasajera y conveniente. Estaba profundamente arraigado en la cultura estadounidense. Una de las mejores y más poderosas explicaciones de la conexión fue proporcionada por el presidente **John Quincey Adams** en The Jubilee of the Constitution: A Discourse, pronunciado a pedido de la Sociedad Histórica de Nueva York, el 30 de abril de 1839:

> Cuando los hijos de Israel, después de cuarenta años de vagar por el desierto, estaban a punto de entrar en la tierra prometida, su líder, Moisés ... ordenó que cuando el Señor su Dios los hubiera traído a la tierra, pusieran la maldición sobre el monte. Ebal y la bendición sobre el monte Gerizim. Este mandato fue cumplido fielmente por su sucesor Josué.

Inmediatamente después de tomar posesión de la tierra, Josué construyó un altar de piedras enteras al Señor sobre el monte Ebal. Y allí escribió sobre las piedras una copia de la ley de Moisés, que había escrito en presencia de los hijos de Israel...

Conciudadanos, el arca de vuestro pacto es la Declaración de independencia. Su Monte Ebal, es la confederación de soberanías estatales separadas, y su Monte Gerizim es la Constitución de los Estados Unidos ... Dejen estos principios, entonces, en sus corazones y en sus almas ... enséñelos a sus hijos ... aférrense a ellos como a los asuntos de la vida, adhiérete a ellos como a las cuerdas de tu salvación eterna. Así que los hijos de sus hijos ... [celebren la] Constitución ... en pleno disfrute de todas las bendiciones reconocidas por ustedes en la conmemoración de este día, y de todas las bendiciones prometidas a los hijos de Israel en el monte Gerizim, como recompensa por la obediencia a la ley de Dios.

"Después de un período de 6.000 años desde la creación, Estados Unidos muestra al mundo la primera instancia de una nación ... reuniéndose voluntariamente ... y decidiendo ... ese sistema de gobierno bajo el cual ellos y su posteridad deben vivir." *El fundador James Wilson*, signatario de la Declaración y la Constitución, luego sirvió en la Corte Suprema de Estados Unidos. John Jay estuvo de acuerdo: "Los estadounidenses son las primeras personas a quienes el Cielo ha favorecido con la oportunidad de... elegir las formas de gobierno bajo las cuales deberían vivir. Todas las demás constituciones han derivado su existencia de la violencia o circunstancias accidentales ... Sus vidas, sus libertades, su propiedad, estarán a disposición sólo de su Creador y de ustedes mismos." *John Jay*, presidente del Congreso Continental; más tarde, el primer presidente de la Corte Suprema de Estados Unidos

"Todas las formas de gobierno civil han sido probadas por la humanidad, excepto una: y eso parece haber sido reservado en Providence para realizarse en América." *Ezra Stiles*, presidente de la Universidad de Yale, 1788

Los certificados de nacimiento de Estados Unidos son sagrados

Juntas, la Declaración de Independencia y la Constitución de los Estados Unidos son el ancla sagrada y absoluta de la preciosa república constitucional de Estados Unidos, a menudo referida erróneamente como democracia. Sin embargo, ha habido un movimiento poderoso a lo largo del último siglo que promueve la opinión de que la Constitución es un documento vivo y flexible que debe mantenerse al día. En esencia, una constitución de caucho no es una constitución en absoluto.

La Constitución no se redactó para adaptarse a los tiempos. Fue escrito para proteger sin ambigüedades la libertad mediante la construcción de enormes barricadas contra posibles abusos del gobierno que devoran gradualmente la libertad. A lo largo de la historia, el poder siempre ha tendido a concentrarse. La orgullosa concentración de poder es conocida como la naturaleza pecaminosa por los cristianos y llamada egoísmo por los filósofos seculares. Independientemente de la etiqueta, no cambia con el tiempo; es la naturaleza humana.

LA LIBERTAD DURADERA SOLO PUEDE SER ALCANZADA POR UN PUEBLO VIRTUOSO QUE VOTAN CONSTANTE Y CONSCIENTEMENTE POR LÍDERES VIRTUOSOS

Con abundante claridad, el presidente *George Washington* proclamó, "la Constitución, que en todo momento existe, 'hasta que sea cambiada por un acto explícito y auténtico de todo el Pueblo, sagradamente obligatorio para todos ... [Que no haya cambio por usurpación; porque aunque esto, en un caso, puede ser el instrumento del bien, es el arma habitual con la que se destruyen los gobiernos libres." El 28 de junio de 1813, *El presidente John Adams* explicó además: "Ahora confesaré que entonces creí, y ahora creo, que esos Principios generales del cristianismo son tan eternos e inmutables como la Existencia y los Atributos de Dios; y que esos Principios de libertad, son tan inalterables como la naturaleza humana y nuestro sistema mundano terrestre".

A mediados del siglo XIX, el senador de los Estados Unidos *Daniel Webster* declaró: "Considero que (la Constitución de los Estados Unidos) es obra de los patriotas más puros y los estadistas más sabios que jamás hayan existido, con la ayuda de las sonrisas de una Providencia benigna; porque cuando lo consideramos como un sistema de gobierno que surge de opiniones discordantes e intereses en conflicto de trece Estados independientes, casi parece una interposición divina en nuestro nombre ... *La mano que destruye la Constitución destroza nuestra Unión para siempre*".

"Esa gran verdad" es la razón por la que celebramos este día, la singularidad escrita en el Declaración de la independencia: "Sostenemos que estas verdades son evidentes por sí mismas, que todos los hombres son creados iguales, que están dotados por su Creador de ciertos Derechos inalienables, que entre ellos se encuentran la Vida, la Libertad y la búsqueda de la Felicidad". Ninguna nación había nacido con derechos "dotados" por Dios, a diferencia de un rey o un ser humano igualmente poderoso. ¡Eso fue revolucionario!" *Presidente Ronald Reagan*, alrededor del 3 de julio de 1981

14

La conspicua protección divina ha durado casi cuatro siglos. "Si nos atenemos a los principios que se enseñan en la Biblia, nuestro país seguirá prosperando y prosperando; pero si nosotros y nuestra posteridad descuidamos su instrucción y autoridad, nadie puede decir cuán repentina una catástrofe puede abrumarnos y sepultar toda nuestra gloria. en una profunda oscuridad." *Senador Daniel Webster*

La seguridad sostenible es la carga de la gente

Para proteger la libertad, los ciudadanos de carácter fuerte deben votar por servidores públicos de carácter fuerte.

La libertad y la seguridad están interrelacionadas y son interdependientes. No puede haber libertad personal a largo plazo sin seguridad: seguridad interna en el alma de los ciudadanos que los motiva a obedecer voluntariamente los límites de Dios y acatar las leyes del país Y la seguridad externa que protege a los ciudadanos de la invasión extranjera. Del mismo modo, no puede haber seguridad a largo plazo sin libertad. Solo la moral y las virtudes elegidas libremente evitan que una cultura se degrade en la anarquía y el caos, que nunca pueden ser seguros.

"El único fundamento de una Constitución libre es la Virtud pura, y si esto no se puede inspirar en nuestro Pueblo en una medida mayor que la que tienen ahora, pueden cambiar sus Gobernantes y las formas de Gobierno, pero no obtendrán una libertad." *Fundador John Adams*, 21 de junio de 1776

"No tenemos un gobierno armado con un poder capaz de enfrentarse a las pasiones humanas desenfrenadas por la moral y la religión. La avaricia, la ambición, la venganza o la valentía romperían las cuerdas más fuertes de nuestra Constitución

15

como una ballena atraviesa una red. Nuestra Constitución fue hecha solamente para un pueblo moral y religioso. Es totalmente inadecuado para el gobierno de cualquier otro." *Presidente John Adams*, 11 de octubre de 1798

Presidente Thomas Jefferson, (1805) adjuntó firmemente la seguridad nacional a la moralidad de la gente,"... con las naciones como con los individuos, nuestros intereses bien calculados serán siempre inseparables de nuestros deberes morales ..." El 12 de octubre de 1816, *John Jay* se centró en la preservación de la libertad sobre la fe y las virtudes de los votantes, "La Providencia le ha dado a nuestro pueblo la elección de sus gobernantes, y es el deber, así como el privilegio e interés de nuestra nación cristiana, seleccionar y preferir cristianos para sus gobernantes".

El hilo moral continuó hasta bien entrado el siglo XX. *El presidente Harry S. Truman* (1951) proclamó que "Sin una base moral firme, la libertad degenera rápidamente en egoísmo. ... A menos que los hombres ejerzan su libertad ... dentro de las restricciones morales, una sociedad libre puede degenerar en la anarquía. Entonces habrá libertad solo para los rapaces y aquellos que son más fuertes y menos escrupulosos que la base del pueblo."

"Los (Fundadores) entendieron que hay un orden divino que trasciende el orden humano. Vieron al estado, de hecho, como una forma de orden moral, y sintieron que la piedra angular del orden moral es la religión ... La verdad es que la política y la moralidad son inseparables ... Sin Dios no hay virtud porque no hay impulsos de la conciencia. ; sin Dios estamos sumidos en lo material, ese mundo plano que nos dice sólo lo que perciben los sentidos; sin Dios hay un engrosamiento de la sociedad; sin Dios la democracia no durará ni puede durar mucho tiempo." *Presidente Ronald Reagan* (1985) La

política y la moralidad son inseparables, desayuno de oración
ecuménica, Dallas, Texas

El gran experimento americano

El Gran Experimento Americano fue diseñado por los Fundadores
para demostrarle al mundo que un pueblo puede ser autónomo.
Todo el gobierno estadounidense descansa sobre la base de las
virtudes de la gente y que solo a través de las familias las virtudes
bíblicas pueden transmitirse de generación en generación y a la
posteridad.

"En ningún otro lugar y en ningún otro momento se ha
probado el experimento del gobierno del pueblo, del pueblo
para el pueblo, a una escala tan amplia como aquí, en nuestro
propio país." *El presidente Theodore Roosevelt* (1903)

"Dado que las colonias originales fueron una vez parte de
Inglaterra, sigue siendo muy interesante hoy, lo que los
comentaristas británicos tienen que decir sobre nosotros.
"**¿Qué** es América?" "Estados Unidos es la **única** nación del
mundo que se basa en un credo. Ese credo se establece ... en
la Declaración de Independencia ... que todos los hombres son
iguales en su reclamo de justicia, que los gobiernos existen para
darles esa justicia ... Ciertamente condena ... el ateísmo, ya que
claramente nombra al Creador como la máxima autoridad de
de quién se derivan estos derechos iguales." *G.K. Chesterton*,
escritor, filósofo y teólogo laico eduardiano británico

"En este país nuestro tuvo lugar la revolución más grande
que jamás haya tenido lugar en la historia del mundo; todas
las demás revoluciones simplemente cambiaron un grupo
de gobernantes por otro ... Aquí, por primera vez en todos

los miles de años de relación del hombre con el hombre ... los padres fundadores establecieron la idea de que tú y yo teníamos dentro de nosotros el derecho y la capacidad dados por Dios para determinar nuestro propio destino." *Ronald Reagan* (1961)

"En Dios confiamos"

El lema nacional de los Estados Unidos es "En Dios confiamos". Su historia es fascinante, comenzando con las repetidas instrucciones bíblicas de confiar en Dios:

- *"Mejor es confiar en el SEÑOR que confiar en el hombre"* [*Salmo 118: 8*].
- *"Ha puesto en mi boca un cántico nuevo, alabanza a nuestro Dios; muchos lo verán, y temerán y confiarán en el SEÑOR"* [*Salmo 40: 3, NKJV*].
- *"Bueno es para mí acercarme a Dios; he confiado en el Señor DIOS, para contar todas tus obras"* [*Salmo 73:28, NKJV*].
- *Confía en el Señorcon todo tu corazón, y no te apoyes en tu propia prudencia; Reconócelo en todos tus caminos, y él enderezará tus sendas.* [*Proverbios 3: 5-6 NKJV*]
- *"El temor del hombre es una trampa; pero el que confía en el SEÑOR estará a salvo"* [*Proverbios 29:25, NKJV*].
- *Está Mejor es confiar en el SEÑOR que confiar en el hombre.* [*Salmo 118: 8*]
- *"Bienaventurado el hombre que confía en el Señor ..."* [*Jeremías 17: 7 NKJV*]

Desde los primeros pobladores en adelante, el principio de confianza en Dios ha estado profundamente arraigado en la cultura estadounidense. En una forma casi actual, "En Dios es nuestra confianza" aparece en el cuarto verso del himno nacional, "The Star Spangled Banner" (1814). En contexto, dice:

¡Oh, así sea siempre cuando los hombres libres estarán entre su amado hogar y la desolación de la guerra! Bendito con victoria y paz que la tierra rescatada por el cielo ¡Alabe el poder que nos ha hecho y preservado una nación! , cuando nuestra causa sea justa, y este sea nuestro lema: "En Dios está nuestra confianza", y el estandarte de estrellas en triunfo ondeará sobre la tierra de los libres y el hogar de los valientes.

El **último** acto del Congreso firmado por *el presidente Abraham Lincoln* requería que se grabara "En Dios confiamos" en todas las monedas nacionales (3 de marzo de 1865). Mucho más tarde, *el presidente Harry S. Truman* dijo: "Cuando se establecieron los Estados Unidos… el lema era En Dios confiamos. Ese sigue siendo nuestro lema y todavía ponemos nuestra firme confianza en Dios". (1949) *El presidente John F. Kennedy* observó el 9 de febrero de 1961: "El principio rector de esta nación ha sido, es ahora y siempre será En Dios confiamos. Recientemente, *el presidente Ronald Reagan* insistió en que,

"EL LEMA DE NUESTRA NACIÓN ... REFLEJA UN RECONOCIMIENTO BÁSICO DE QUE HAY UNA AUTORIDAD DIVINA EN EL UNIVERSO A LA QUE ESTA NACIÓN DEBE HOMENAJE".

Sin embargo, el mal siempre está esperando entre bastidores para destruir el maravilloso y precioso regalo de la libertad de Dios, de una vez o con sigilo. Las advertencias conspicuas tienen raíces profundas, pero se han vuelto más frecuentes con cada año que pasa.

Advertencias terribles del pasado

Fundador John Adams declaró firmemente: "Hay peligro de todos los hombres. La única máxima de un gobierno libre debería ser no confiar en que ningún hombre que viva con el poder ponga en peligro la libertad pública." *El reverendo Jedediah Morse* reconoció la erosión proporcional de la libertad frente a la corrupción activa o la negligencia benigna,

A la influencia bondadosa del cristianismo le debemos ese grado de libertad civil y felicidad política y social que ahora disfruta la humanidad. En la medida en que los efectos genuinos del cristianismo se reducen en cualquier nación, ya sea por la incredulidad, la corrupción de sus doctrinas o el descuido de sus instituciones; en la misma proporción, el pueblo de esa nación se alejará de las bendiciones de la libertad genuina y se aproximará a las miserias del despotismo total.

Todos los esfuerzos por destruir los cimientos de nuestra santa religión, en última *instancia, tienden a la subversión también de nuestra libertad política y felicidad.* Siempre que los pilares del cristianismo sean derrocados, nuestras actuales formas republicanas de gobierno, y todas las bendiciones que de ellas fluyen, deben caer con ellas.

"Un patriota sin religión, en mi opinión, es una paradoja tan grande como un Hombre honesto sin el temor de Dios. ¿Es posible que aquel a quien ninguna obligación moral ata, pueda tener una buena voluntad real hacia los hombres? ¿Puede ser un patriota que, por una conducta abiertamente viciosa, ¿está socavando los lazos mismos de la sociedad? ... Las Escrituras nos dicen que "la justicia exalta a una nación." *Abigail Adams*, esposa del fundador / presidente *John Adams*

"¿Alguna vez has encontrado en la historia, un solo ejemplo de una Nación completamente corrompida que luego fue restaurada a la virtud? ... Y sin virtud, no puede haber libertad política ... ¿Me dirás cómo evitar que la riqueza se convierta en los efectos de la templanza y la industria? ¿Me dirán cómo evitar que el lujo produzca afeminamiento, intoxicación, extravagancia, vicio y locura? ... Creo que no se pierde ningún esfuerzo a favor ... *Presidente John Adams*, carta *El presidente Thomas Jefferson*

La historia moderna ofrece un desfile continuo de advertencias. Considere las siguientes publicaciones (la segunda entrada es una cita, en lugar de una publicación):

- *Arnold Toynbee*, Volumen 12 "Estudio de la historia" (1934–1961) Después de dedicar 27 oídos al estudio de 26 de las culturas más importantes del mundo, Toynbee concluyó: "Las civilizaciones mueren por suicidio, no por asesinato". Más tarde, dijo: "Entonces, ¿cómo es el universo? ... Parece como si todo estuviera en movimiento, ya sea hacia su Creador o alejándose de Él. El curso de la historia humana consiste en una serie de encuentros ... en los que cada hombre, mujer o niño ... es desafiado por Dios a elegir libremente entre hacer la voluntad de Dios y negarse a hacerla. Cuando el hombre se niega, es libre de rechazarlo y asumir las consecuencias". Durante casi 400 años, los estadounidenses buscaron predominantemente e hicieron todo lo posible por vivir de acuerdo con la sabiduría de Dios. Desde la época de Toynbee, los estadounidenses han optado cada vez más por negarse a seguir a Dios, ya sea real o tácitamente en el caso de los que profesan ser cristianos.

- *Alexander Solzhenitsyn* "El hombre se ha olvidado de Dios, por eso ha sucedido esto (declive de la cultura moderna)" "Yo... llamo a Estados Unidos a que tenga más cuidado... porque están tratando de debilitarlo... a desarmar su fuerte y magnífico país frente a esta amenaza terrible, una que nunca antes se había visto en la historia del mundo". Hacia 1975

- *Dr. Francis Schaeffer*, "The Great Evangelical Disaster" (1984) "Estados Unidos se está moviendo a gran velocidad hacia una sociedad y un estado totalmente humanistas ... ¿podemos estar tan sordos como para no escuchar todas las campanas de advertencia? ... nosotros (Estados Unidos y Gran Bretaña desde la Reforma)... Han tenido tanta luz como pocos han poseído. Hemos estampado esa luz en nuestra cultura. Nuestros cines, nuestras novelas, nuestros museos de arte, nuestras escuelas gritan al pisar esa luz. ¿Crees que Dios no juzgará a nuestros países simplemente porque son nuestros países? El llamado de Dios es amar y ser uno con todos los que están en Cristo Jesús, y luego dejar que la verdad de Dios hable en todo el espectro de la vida y en todo el espectro de la sociedad".

- *Juez Robert H. Bork*, "Slouching Towards Gomorrah: Modern Liberalism and American Decline" (1996) El libro de Bork narra el declive de la cultura estadounidense durante las últimas cinco o seis décadas. Se mantuvo cautelosamente optimista sobre la supervivencia de una forma democrática de gobierno y el resurgimiento de una cultura moral, SI el país vuelve a los principios sobre los que se fundó Estados Unidos.

- **Charles Colson,** "How Now Shall We Live" (1999) "En las categorías más amplias, el conflicto de nuestros días es el teísmo [la creación de Dios] versus el naturalismo [la creación por causas naturales solamente]". Colson sostiene que el cristianismo es un sistema de vida integral y holístico, más amplio y más grande de lo que normalmente entienden la mayoría de los cristianos.

- **Josh McDowell,** "La última generación cristiana: la crisis es real. La responsabilidad es nuestra" (2006) Los jóvenes cristianos están abandonando la iglesia en números cada vez mayores. Usan el mismo vocabulario cristiano que sus padres, pero aceptan definiciones ampliamente diluidas que a menudo son antagónicas a los principios bíblicos. McDowell recomienda incorporar en la cultura el modelo hebreo de educación (experiencial), en lugar del modelo tradicional helenístico de educación (el maestro proclama a los estudiantes) y construir un ministerio impulsado por procesos.

- **David Kinnaman,** "No cristiano: lo que realmente piensa una nueva generación sobre el cristianismo… y por qué es importante" (2007) Años de investigación indican que las sucesivas generaciones cristianas muestran progresivamente menos interés en la iglesia organizada. Los cristianos proyectan una imagen negativa, crítica e hipócrita a los forasteros. Kinaman recomienda orar por las generaciones más jóvenes y vivir una vida caracterizada por el amor, el servicio y el sacrificio según el modelo de Jesucristo.

- **Sobrevivientes del Holocausto:** Numerosos sobrevivientes del Holocausto (no todos estaban en campos de concentración) han advertido que muchas condiciones en los Estados Unidos hoy en día se asemejan a las condiciones en la Alemania de la década de 1930. Una de ellas es Kitty Werthmann, quien creció en Austria, antes, durante y después de las ocupaciones alemanas y rusas posteriores. Sus advertencias fuertes y claras están disponibles en Internet y en YouTube. Hoy, ciudadana de los Estados Unidos de unos 90 años, recorre incansablemente proclamando su advertencia. "Es cierto ... aquellos de nosotros que navegamos más allá de la Estatua de la Libertad llegamos a un país de increíble libertad y oportunidades. Estados Unidos es verdaderamente el país más grande del mundo. No dejes que la libertad se escape". ¡Después de América, no hay otro lugar adonde ir!"

- ***Similitudes hoy entre los Estados Unidos de la caída del Imperio Romano***: Una observación cada vez más común compara las condiciones actuales en los Estados Unidos con las condiciones análogas que contribuyeron a la caída del Imperio Romano. Uno de los mejores es "La caída de Roma: ¿hay lecciones que podamos aprender?" Bill Federer (2019) https://www.wnd.com/2019/09/fall-rome-lessons-can-learn El análisis de Federer expone gráficamente la comparación de 15 parámetros.

- ***John MacArthur***, "Avergonzado del Evangelio: Cuando la Iglesia se vuelve como el mundo" (1993, 2010) Muchas iglesias se han convertido en clubes cristianos que se basan en el espectáculo y el marketing ostentoso para construir números en lugar de las convicciones evocadas por la Biblia. Medir el número de personas y los ingresos del plato de ofrenda es superficial y no considera las condiciones de las almas que no están madurando de la manera que Dios quiso.

MacArthur recomienda volver a depender de las Escrituras tal como las provee Dios.

La sabiduría de las Escrituras y los fundadores sostuvieron la cultura estadounidense durante casi 400 años. Pero el colapso cultural de las últimas décadas ha sido catastrófico. El gobierno actual está dirigido principalmente por los hippies rebeldes contra el sistema de las décadas de 1960 y 1970, así como por sus hijos adultos igualmente rebeldes. Sus "valores" humanistas y sin anclas están produciendo un caos cultural. El Congreso aprueba rutinariamente proyectos de ley demasiado amplios para analizarlos de manera responsable y sin tener en cuenta si están o no dentro de los límites establecidos por la Constitución de los Estados Unidos.

El hilo bíblico de la redención de Dios es también la historia de la libertad, inicialmente concedida por Dios y luego ganada, perdida y ganada de nuevo alternativamente. Después de la salvación, la libertad es uno de los mayores dones de Dios. Debemos:

- Anhelarlo
- Buscarlo
- Protégelo y consérvalo
- Abusar de ello
- Ocasionalmente, cederlo a un poder más fuerte, en este caso a un gobierno federal abrumador.
- Hoy en día, el pueblo estadounidense está malgastando voluntariamente el precioso regalo de la libertad de Dios a cambio de la percepción de paz y seguridad personales.

"Aférrense, amigos míos, a la Constitución y a la República que representa. Los milagros no se agrupan, y lo que ha sucedido una vez en 6000 años, puede que no vuelva a suceder. Aférrense a la Constitución, porque si la Constitución de los

Estados Unidos debería fracasar, habrá anarquía en todo el mundo." *Senador Daniel Webster*

"Los ojos de todas las personas están sobre ti. Y si te ven repudiar tu pasado, abandonar lo que te ha llevado a la grandeza, convertirte en un país más, ellos también habrán perdido algo… [En cambio] Honra el genio de tus fundadores. Respeta la constitución más sublime ideada por la inteligencia humana. Mantén la fe en el diseño que te ha hecho independiente. Preserva la libertad de la nación a la que, por la buena fortuna y la gracia de Dios, tienes el privilegio de pertenecer." *Daniel Hannan*, 2010, periodista, escritor y político británico, *The New Road to Serfdom, A Letter of Warning to America*

América ES la última mejor esperanza

Desde el nacimiento de Estados Unidos, Estados Unidos ha sido la envidia del mundo. Grandes números, de todo el mundo, han acudido aquí para experimentar la libertad estadounidense de primera mano. Los que no pudieron venir, imitaron el sueño americano lo mejor que pudieron. Es por eso que la gente de todo el mundo usa Levis. Los estadounidenses marcan el ritmo; la gente y la cultura han sido imitadas en todas partes mientras América estaba en ascenso. Lamentablemente, la gente y las culturas todavía siguen el ejemplo de Estados Unidos a medida que el país decae.

La influencia de Estados Unidos en el resto del mundo se conoce desde la época de los Fundadores en adelante. Estados Unidos ha sido el modelo a seguir para bien o para mal. El mundo entero ha estado observando el gran experimento estadounidense de autogobierno. Considere con mucho cuidado varias advertencias abundantemente claras que abarcan la historia de los Estados Unidos:

"Sé, en efecto, que algunos hombres honestos temen que un gobierno republicano no pueda ser fuerte, que este gobierno no sea lo suficientemente fuerte; pero, ¿abandonaría el patriota honesto, en plena marea del experimento exitoso, un gobierno que hasta ahora nos ha mantenido libres y firmes ante el ... temor visionario de que este gobierno, la mejor esperanza del mundo, posiblemente quiera energía para preservarse a sí mismo? No me fío. Yo creo que este, por el contrario, es el Gobierno más fuerte del mundo." ***Presidente Thomas Jefferson***, primer discurso inaugural, 4 de marzo de 1801

John Adams proclamó que si el pueblo abandonaba la libertad ganada con la aprobación de la Constitución, sería "traición a las esperanzas del mundo".

"Noblemente salvaremos, o perderemos mezquinamente, la **última** y mejor esperanza de la tierra. Otros medios pueden tener **éxito**; esto no podía fallar. El camino es sencillo, pacífico, generoso, justo, un camino que, si se sigue, el mundo aplaudirá para siempre, y Dios debe bendecir para siempre." ***Presidente Abraham Lincoln***, mensaje al Congreso, 1 de diciembre de 1862

"Estados Unidos es la mejor esperanza del mundo ... Cuidado con cómo juegas con tu maravillosa herencia ... porque si tropezamos y caemos, la libertad y la civilización en todas partes se arruinarán." ***Henry Cabot Lodge***, primer líder de la mayoría del Senado, 1919

"Hoy, nuestro problema no es solo preservar nuestra herencia religiosa en nuestras propias vidas y en nuestro propio país. Nuestro problema es mayor. Es preservar una civilización mundial en la que la fe del hombre en Dios pueda sobrevivir.

Solo en un mundo así puede nuestra propia Nación seguir sus tradiciones básicas y realizar la promesa de una vida mejor para todos nuestros ciudadanos." *Presidente Harry S. Truman* (1951)

"Estados Unidos es solo una superpotencia. Hoy lideran el mundo. Nadie tiene dudas al respecto. Militarmente. También lideran económicamente, pero se están debilitando. Pero ya no lideran moral y políticamente. El mundo no tiene liderazgo. Estados Unidos fue siempre el último recurso y esperanza para todas las demás naciones. Existía la esperanza de que, cada vez que algo iba mal, se podía contar con los Estados Unidos. Hoy, perdimos esa esperanza." *Lech Walesa*, ex presidente de la República de Polonia, alrededor de 2011

"Convertir a Estados Unidos en un país diferente significará abandonar el modelo constitucional más exitoso del mundo. Significará abandonar la visión de sus fundadores, una visión que ha servido para hacer que su país sea rico, fuerte y libre. Significará traicionar a tus antepasados y desheredar a tu posteridad. Es, en el sentido más estricto y literal, antiestadounidense. *Daniel Hannan*, escritor, político y autor británico, *The New Road to Serfdom, A Letter of Warning to America* (2010)

Dios concede la libertad como expresión de su gran amor. Incluso los límites de Dios son expresiones de su amor, porque los límites evitan el mal uso de la libertad y sus dolorosas consecuencias. El orgullo por el gobierno restringe o elimina la libertad. El gobierno no puede amar; SOLO los cristianos pueden amar de verdad. Sin embargo, ojo, Estados Unidos de América ya se ha convertido en un país socialista.

CAPITULO DOS

ESTADOS UNIDOS ES UN PAÍS SOCIALISTA

───────── ≈ ─────────

El socialismo es una victoria temporal de la "sabiduría" corrupta y seriamente defectuosa del hombre sobre la sabiduría prefecta de Dios. El socialismo es una manifestación externa del cautiverio interno del pecado. Es fácilmente visible tanto en los incrédulos como en los creyentes que, por sus acciones, vuelven repetidamente al pecado de su cautiverio anterior.

*¡Ay de los que llaman al mal bien y al bien mal, que ponen las tinieblas por luz y la luz por tinieblas, que ponen lo amargo por dulce y lo dulce por amargo! ¡Ay de los sabios a sus propios ojos y astutos ante sus propios ojos! [**Isaías 5: 20-21 ESV**]*

C ommocionado? **¿Disgustado?** ¡**Eso** espero! Ahora que está despierto, considere los argumentos. ¡**Sí,** Estados Unidos es un país socialista! No hace muchas décadas, simplemente pronunciar la palabra "socialismo" era visto como algo parecido a una blasfemia. Hoy, el impacto se ve atenuado por el término eufemístico "socialismo democrático". Una forma de democracia de extrema izquierda se convierte en socialismo. No es posible discernir cuándo una democracia cruza la línea y se convierte en socialismo, porque no hay línea.

Gradualmente, la idea de que el gobierno sirva a la gente se cambia hasta que la gente sirve al gobierno. Cuando el gobierno crece a un tamaño muy grande, gran parte de él está fuera del alcance de la gente, es decir, fuera del alcance de los votantes. El gobierno es entonces socialista. Hoy, los socialistas atacan sin piedad nuestra cultura, historia, fe, libros, juegos, idioma, relaciones raciales, escuelas y libertades.

Un grupo como Alcohólicos Anónimos solo puede comenzar a tratar o curar a un alcohólico cuando está dispuesto a pararse frente a los demás y admitir: "Soy un alcohólico". De manera similar, argumentar que este o aquel proyecto de ley o algún acto político individual es socialista enmascara el problema más amplio de que Estados Unidos se ha convertido en un país socialista. Solo cuando seamos capaces de admitir la enfermedad del socialismo podremos comenzar a tratarla o curarla en el sentido de restablecer los valores bíblicos que hicieron de Estados Unidos la envidia del mundo en primer lugar.

El consejo de Screwtape a los "socialistas democráticos"

Los progresistas todavía se aferran a la palabra "democracia" porque tiene suficiente valor de marca para atraer un gran número de votos. Considere un relato ficticio escrito por CS Lewis en sus Screwtape Letters (1959). Screwtape, un demonio senior en el infierno, habla en la cena anual de la Escuela de Entrenamiento de Tentadores para demonios jóvenes (Screwtape propone un brindis):

> *Democracia* es la palabra con la que hay que llevarlos de la nariz... nunca se les debe permitir que le den a esta palabra un significado claro y definible. No lo harán. Nunca se les ocurrirá que Democracia es propiamente el nombre de un sistema político, incluso de un sistema de votación, y que esto

tiene sólo la conexión más remota y tenue con lo que estás tratando de venderles ... Debes usar la palabra simplemente como un encantamiento; si lo desea, simplemente por su poder de venta. Es un nombre que veneran...

... Y, por supuesto, está relacionado con el ideal político de que los hombres deben ser tratados por igual. Luego haces una transición sigilosa en sus mentes de este ideal político a una creencia fáctica de que todos los hombres son iguales...

... Como resultado, puede usar la palabra Democracia para sancionar en su pensamiento el más degradante (y también el menos placentero) de todos los sentimientos humanos. Puede hacer que practique, no solo sin vergüenza sino con un brillo positivo de autoaprobación, conducta que, si no la defendiera la palabra mágica, sería ridiculizada universalmente...

... Todo está resumido en la oración que se dice que una joven humana pronunció recientemente: "¡Oh Dios, hazme una chica normal del siglo XX!" Gracias a nuestro trabajo, esto significará cada vez más: "Hazme una descarada [traviesa], un idiota y un parásito".

Reflexione una vez más sobre los límites espirituales y temporales que aseguran una república estable. Incluyen 1) una fe inquebrantable en Dios, 2) la moderación voluntaria de la conducta, 3) las personas virtuosas que emiten un voto informado y 4) los candidatos políticos virtuosos. El **éxito** depende del comportamiento voluntario y comprometido del electorado. Cuando la fe se debilita y la moderación voluntaria se erosiona, ya no existe ninguna barrera para la marcha implacable hacia el socialismo y formas aún más fuertes de autoritarismo.

¿El *ciclo de Tytler predice el destino de los Estados Unidos??*

En 1770, *Alexander Tytler* describió lo que se conoce como el ciclo Tytler. Explicó: "Una democracia no puede existir como una forma de gobierno permanente. Sólo puede existir hasta que los votantes descubran que pueden votar con generosidad del tesoro público. A partir de ese momento, la mayoría siempre vota por los candidatos que les prometen mayores beneficios del erario público, con el resultado de que una democracia siempre se derrumba por una política fiscal laxa, siempre seguida de una dictadura. La edad promedio de las civilizaciones más grandes del mundo ha sido de 200 años".

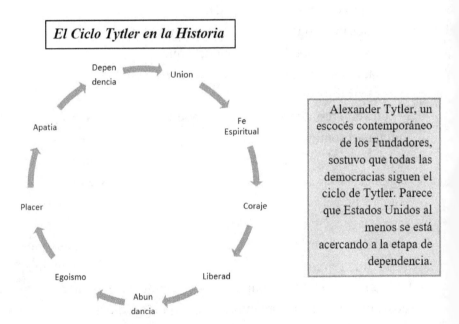

El Ciclo Tytler en la Historia

Alexander Tytler, un escocés contemporáneo de los Fundadores, sostuvo que todas las democracias siguen el ciclo de Tytler. Parece que Estados Unidos al menos se está acercando a la etapa de dependencia.

Considere lo que los fundadores y otros dijeron sobre los principios ilustrados por el ciclo Tytler. *Samuel Adams* dijo: "Cuando las personas son universalmente ignorantes y corruptas en sus modales, se hundirán por su propio peso sin la ayuda de invasores extranjeros." El célebre estadista *Daniel Webster* proclamó: "Lo considero [la fundación y la Constitución del país] como el trabajo de los patriotas más puros y el estadista más sabio que jamás haya existido, ayudado por las sonrisas de una Providencia benigna... creo... la mano que destruye la Constitución hace nuestra Unión en pedazos para siempre."

Solo Dios puede invalidar, aplazar o eludir el Ciclo Tytler a través de personas consistentemente virtuosas. En la medida en que la virtud de las personas declina, el ciclo de Tytler se vuelve predecible.

Los riesgos de abandonar a Dios son bien conocidos, incluso para los enemigos de Estados Unidos

Incluso los enemigos de Estados Unidos han reconocido nuestra fuerza. Desde el punto de vista de un notorio dictador de la URSS, *Josef Stalin*, "Estados Unidos es como un cuerpo sano y su resistencia es triple: su patriotismo, su moralidad y su vida espiritual. Si podemos socavar estas tres áreas, Estados Unidos colapsará desde adentro". Cada dictador ha tratado de socavar a estos tres. Comenzaron por tomar el control de los niños. Continuaron exigiendo lealtad al estado sobre Dios. Permitieron la lealtad del estado al eliminar a Dios de la educación, los lugares públicos y el discurso público. ¿Suena familiar?

Robert Charles Winthrop (1809-1894) El ex presidente de la Cámara de Representantes de los Estados Unidos ofreció una observación profunda: "Los hombres, en una palabra, deben necesariamente ser controlados por un poder dentro de ellos o por un poder sin ellos; ya sea por la Palabra de Dios o por el brazo fuerte del hombre; ya sea por la Biblia o por la bayoneta." *G.K. Chesterton* hizo sonar la alarma, "... la verdad es que solo creyendo en Dios podemos criticar al gobierno. Una vez abolido el Dios, el gobierno se convierte en Dios. Ese hecho está escrito en toda la historia de la humanidad..."

El renombrado general **Douglas MacArthur** explicó el resultado inevitable de la decadencia moral de una nación: "*La historia no registra un solo precedente en el que las naciones sujetas a la decadencia moral no hayan pasado a la decadencia política y económica. Ha habido un despertar espiritual para superar el lapso moral o un deterioro progresivo que conduce al desastre nacional definitive.*" Más tarde, *el presidente Ronald Reagan* reafirmó el mismo principio: "Ninguna nación que haya superado a su Dios ha vivido para escribir las páginas adicionales de la historia. Esta nación necesita un despertar espiritual y una reafirmación de la confianza en Dios".

"Solo un pueblo virtuo es capaz de la libertad. A medida que las naciones se vuelven más corruptas y viciosas, necesitan más amos".
Founder Benjamin Franklin

"América nunca será destruida desde el exterior. Si flaqueamos y perdemos nuestras libertades, será porque nos destruimos a nosotros mismos."
Presidente Abraham Lincoln

En el discurso de Gettysburg, *el presidente Abraham Lincoln* describió al gobierno como "del pueblo, por el pueblo y para el pueblo". Hoy, es más como del gobierno, por el gobierno y para el gobierno. **¿Por** qué?

¿A quién le importan los votantes?

A MEDIDA QUE EL GOBIERNO CRECE, SE VUELVE CADA VEZ MÁS MÁS ALLÁ DEL ALCANCE DE LOS VOTANTES:

Examine las muchas formas en que el gran gobierno (socialista) crece fuera del alcance de los votantes:

- *Distancia*: Cuanto más lejos está el gobierno del votante, menos responsable se vuelve el gobierno. Para la mayoría de la gente, el gobierno federal es el más lejano.

- *Miembros "de por vida" de la Cámara de Representantes*: La Cámara está destinada a ser la más receptiva a los votantes, porque deben ser reelegidos cada dos años y sus distritos son relativamente pequeños. En la práctica, es muy difícil destituir a un titular, lo que produce representantes de toda su carrera que terminan representándose a sí mismos, en lugar de a sus electores. Un límite constitucional de tres mandatos eliminaría a los representantes vitalicios.

- *Miembros "de por vida" del Senado*: Mismos argumentos que para la Cámara de Representantes, salvo que es aún más difícil destituir a un senador que disfruta de un mandato de seis años. Un límite constitucional de dos mandatos eliminaría a los senadores vitalicios.

- *Proyectos legislativos escandalosamente largos*: Las facturas de miles de páginas crean al menos dos problemas. Primero, muchos legisladores se ven obligados a votar por proyectos de ley que no pueden leer antes de votar. En segundo lugar, proyectos de ley tan largos cubren múltiples temas que camuflan el voto de los legisladores, lo que hace que la rendición de cuentas a los votantes sea prácticamente imposible.

- *Asignaciones*: Los legisladores tienen el privilegio de insertar proyectos locales en proyectos de ley nacionales, como un gran puente o una carretera. Las asignaciones son una forma poco **ética** de "comprar" votos. Este privilegio debería eliminarse. Fue eliminado por la administración Trump y luego restaurado por la administración Biden.

- *Burocracias tremendamente hinchadas* (niveles federal, estatal y local): Cada agencia federal enorme está completamente fuera del alcance de los votantes. Algunos de ellos incluyen, el Tesoro de los Estados Unidos, la Agencia de Protección Ambiental, el Servicio de Impuestos Internos, el Departamento del Interior, el Departamento de Comercio y el Departamento de Educación, etc.

Cada vez que el Congreso aprueba una ley, la agencia del Poder Ejecutivo afectada debe expandir o crear tres nuevas burocracias, 1) una redacta las reglas para implementar la nueva ley, 2) una segunda recluta a la gente para asegurar el cumplimiento de la ley, y 3) un tercero hace cumplir la nueva ley, esencialmente permitiendo que el mismo grupo de personas actúe como fiscal, juez y jurado, cada vez que se cite una infracción.

- *Protecciones del servicio civil*: Las reglas del Servicio Civil son tan estrictas que es difícil para un supervisor o político despedir a un empleado del gobierno por desempeño deficiente, alcance regulatorio excesivo o incluso comportamiento poco **ético**. El resultado es que la mayoría de los burócratas están aislados de su propia administración, los votantes y los políticos. La protección del servicio civil es la máxima seguridad laboral para los burócratas, pero es un alto riesgo para los votantes debido a la casi total falta de responsabilidad de los burócratas.

- *Los jueces federales disfrutan de nombramientos vitalicios*: Por tanto, no rinden cuentas a los votantes. Los jueces activistas son libres de tomar decisiones escandalosas contrarias a la Constitución y la voluntad de los votantes. Las malas decisiones se pueden apelar ante la Corte Suprema de los Estados Unidos. Sin embargo, cada año se apelan unas 8.000 decisiones ante la Corte Suprema. La Corte solo tiene tiempo para escuchar 70-80 apelaciones. En consecuencia, se mantienen muchas decisiones escandalosas de los tribunales inferiores, que se convierten en precedentes que luego se citan en cientos de otros casos. Cada precedente escandaloso aleja al país un poco más de la Constitución.

- **Órdenes** *ejecutivas presidenciales*: Los presidentes emiten cada vez más **órdenes** ejecutivas, sin pasar por el proceso legislativo. Muchos son legítimos; es poco probable que aquellos que no lo son sean desafiados de manera significativa. Las impugnaciones legales a las **órdenes** ejecutivas son extremadamente costosas y consumen mucho tiempo. Los jueces federales y los magistrados de la Corte Suprema dictan decisiones con pocos argumentos legales y citan precedentes, a veces incluso refiriéndose a leyes extranjeras, claramente fuera de la Constitución. Estados Unidos se ha convertido en una nación a la deriva en una nube de socialismo.

- *La falta de transparencia se intensifica durante décadas*: Todas las ramas y subdivisiones del gobierno federal se han convertido cada vez más en expertos en ocultar información al público. Incluso la presentación de una solicitud de la Ley de Libertad de Información atrae habitualmente la resistencia del gobierno como reclamos de excepciones. El **único** reclamo legítimo de secreto es la seguridad nacional estrictamente definida para proteger los intereses y la seguridad de las personas en el ejército. La creciente falta de transparencia imposibilita una votación reflexiva y bien informada.

• *El gobierno de los Estados Unidos es el "contratista general" más grande de la nación.*. En el año fiscal 2019, el gobierno emitió $ 597 mil millones en contratos principales. Como parte de la gestión de contratos, el gobierno impone requisitos vastos y complejos a todos los contratistas principales Y subcontratistas. La costosa carga incluye 1) todas las extensas regulaciones adoptadas por cada agencia del poder ejecutivo y 2) numerosas capas de otras "políticas" gubernamentales, todas las cuales están fuera del alcance de los votantes.

• *Los gobiernos federal y estatal son, con mucho, los mayores propietarios de tierras.* Según el National Wilderness Institute, los gobiernos combinados poseen el 35% de la tierra del país, una cifra que no incluye los cuerpos de agua. (http://www.nwi.org/Maps/LandChare.html). Las áreas públicas son limitadas; la disponibilidad de arrendamientos de petróleo / gas y derechos minerales para la minería varía ampliamente, dependiendo de los vientos políticos imperantes. A excepción de ciertas áreas designadas para la recreación, las tierras propiedad del gobierno no están disponibles para el público.

El canto de sirena del socialismo seduce a Estados Unidos

La Constitución de los Estados Unidos es el ancla cívica absoluta de la cultura estadounidense. A medida que la población pierde la fe en Dios, pierde interés y compromiso con el gobierno; la vitalidad de la libertad pierde prioridad y brillo. En una cultura apática, la libertad se desperdicia fácilmente.

Estados Unidos ya no está atado a la Constitución. Muchas personas en el gobierno creen erróneamente que la Constitución es un documento flexible. La Corte Suprema ha abandonado hace décadas su obligación suprema como garante de la Constitución. Durante décadas, los activistas progresistas / socialistas han logrado con **éxito** muchos de sus objetivos sin pasar por los poderes legislativo y ejecutivo del gobierno. En cambio, han acudido directamente al poder judicial, donde jueces comprensivos dictan habitualmente **órdenes** inconstitucionales. Se mantienen muchas **órdenes** escandalosas, que a menudo se citan como precedentes más tarde, simplemente porque la sobrecarga de casos es demasiado grande para sustentar interminables apelaciones. Hoy en día, los estudiantes de derecho aprenden mucho más sobre los precedentes que sobre la Constitución.

La brecha entre las acciones del gobierno y los requisitos constitucionales se ha ensanchado aún más a medida que la aplicación de la ley se ha politizado. Cada vez más, cada partido político aplica solo las leyes alineadas con su agenda política, en lugar de hacer cumplir todas las leyes. La aplicación selectiva es peligrosa, errática y confusa para quienes realmente participan en la aplicación práctica.

Aunque el genio de la Constitución de los Estados Unidos ha sido admirado y envidiado en todo el mundo, rápidamente se está convirtiendo en una reliquia de la historia estadounidense. El Congreso aprueba rutinariamente proyectos de ley inconstitucionales a menudo con gran fanfarria. Los miembros ignoran habitualmente la Décima Enmienda a la Constitución (reserva la mayoría de las responsabilidades de gobierno para los estados), y aprueban proyectos de ley sobre cualquier tema que pueda captar votos en las próximas elecciones.

El escenario está listo para el gobierno del socialismo impuesto a un público ya anestesiado por el excesivo materialismo. Los activistas y los políticos progresistas simplemente incorporan una mentalidad socialista en los sistemas educativos primarios y secundarios, las universidades, las redes sociales de alta tecnología, los medios de comunicación, el entretenimiento e incluso los deportes profesionales. Gran parte del proceso ya se ha logrado.

Cuando la cultura se ha vuelto emocionalmente cautiva del socialismo, parece genial y luego se vuelve fácil para el gobierno codificarlo en una plétora de leyes y regulaciones, encontrando poca resistencia por parte del público. En **última** instancia, para que prevalezca el socialismo, deben eliminarse todas las barreras. Para hacerlo, los defensores deben:

- Diluir y demonizar la Constitución o ignorar hasta el punto de la irrelevancia
- Demonizar la historia estadounidense, especialmente la historia judeocristiana estadounidense, reescribiendo la historia para centrarse en los supuestos "pecados" de los Estados Unidos.
- Demonizar el capitalismo, vinculándolo con el llamado "privilegio blanco"
- Demonizar el cristianismo etiquetándolo repetidamente como racista, homofóbico y la religión de un hombre blanco.
- Demonizar la familia bíblica tradicional: ampliar y diluir la definición de familia hasta el punto de casi extinción
- Demonizar la libre empresa y exagerar la redistribución de la riqueza para lograr la "equidad", en lugar de la igualdad de oportunidades.
- Deja que la libertad caiga silenciosamente en las cenizas de la historia

- Demonice el proceso de elección, diluya el tiempo y el proceso: habilite la votación por correo al 100% y extienda el proceso de votación, comenzando mucho antes del día de las elecciones y extendiéndose al menos diez días después del día de las elecciones. Instale máquinas de votación y tecnología de interconexión para asegurar un resultado preconcebido. El proceso se debilitará, lo que virtualmente asegura el fraude proveniente de una variedad de fuentes.

- Asegure una base permanente de votantes socialistas admitiendo la inmigración ilimitada de personas sin experiencia con el concepto estadounidense de libertad o la historia real de Estados Unidos y reduzca la edad para votar a 16.

- Impulsar la estrategia Cloward-Piven: 1) sobrecargar y romper el sistema de bienestar, 2) crear caos, 3) acelerar las demandas gubernamentales de más poder sobre el caos, y 4) implementar el socialismo y el autoritarismo por la fuerza del gobierno.

- Utilice la pandemia de gripe por coronavirus para aumentar la comodidad del público con "protecciones" dictatoriales e inconstitucionales

- Glorifique al socialismo como el solucionador definitivo de todos los problemas sociales.

Cuando los valores bíblicos en las escuelas son reemplazados por "valores" humanistas, la sabiduría perfecta e infalible de Dios es reemplazada por la "sabiduría" profundamente defectuosa del hombre, formando la base del socialismo. El resultado final es 1) la persecución de los cristianos, primero mediante el ridículo y luego al obligar a los cristianos a obedecer leyes antagónicas a los cristianos mismos o a las creencias cristianas, 2) eliminar el cristianismo por completo, 3) "eliminar" la percepción o influencia de Dios, y 4) El humanismo se convierte en el **último** movimiento de liberación.

Cada movimiento de liberación anterior, liberó a algún grupo de los límites de Dios; más tarde, la protección de cada grupo fue codificada al nombrar legalmente al grupo como grupo protegido por el gobierno. *Sin Dios en las escuelas, prácticamente no hay retroceso contra la ola de rápido movimiento del socialismo.*

Las definiciones comunes de "socialismo" se refieren a una condición en la que los medios de producción son propiedad y están controlados por el gobierno. En los Estados Unidos, el (los) gobierno (s) ejerce un control tan vasto sobre los "medios de producción", la mayoría de los cuales están en gran parte fuera del alcance de los votantes, es como si el gobierno realmente poseyera los medios de producción. En términos de entender el socialismo políticamente, la falta de propiedad legal precisa se convierte en poco más que un tecnicismo.

Además, décadas de demonizar la historia estadounidense y promover los llamados beneficios del socialismo, especialmente en las escuelas públicas controladas por el gobierno de la nación y por representantes de los medios de comunicación y el entretenimiento con ojos vidriosos y muy visibles, han condicionado a los jóvenes y a una gran parte de la población. adultos a aceptar el concepto de socialismo. El deslizamiento hacia la izquierda de la cultura estadounidense, combinado con el poder virtualmente irresistible del vasto gobierno para controlar prácticamente todas las **áreas** de la vida, lleva a la ineludible conclusión de que Estados Unidos se ha convertido en un país socialista.

¡Incluso *los liberales hacen sonar una alarma contundente!*

Dos conocidos liberales de toda la vida están haciendo sonar una alarma urgente y apasionada con respecto a la precipitada carrera de Estados Unidos hacia el totalitarismo. Primero, **¿quiénes** son?

Naomi Wolf es una célebre feminista, autora y ex asesora *del presidente Bill Clinton. Robert F. Kennedy, Jr.* es un abogado ambiental, autor, activista de salud infantil, hijo del Fiscal General, Robert F. Kennedy y sobrino *del presidente John F. Kennedy.* Recientemente, han aparecido juntos en el podcast "Truth" de Kennedy; Wolf también apareció en *Tucker Carlson Tonight,* Fox News.

Wolf y Kennedy están de acuerdo en que Estados Unidos está en camino hacia el totalitarismo. El libro de Wolf, El fin de América: carta de advertencia a un joven patriota, cita diez pasos que todos los tiranos toman para destruir la democracia y promover el totalitarismo. Su libro fue publicado en 2007. Hoy, ella argumenta que Estados Unidos ha alcanzado el paso 10, "Subvertir el estado de derecho". El Capítulo Diez de este libro demuestra que casi todas las diez enmiendas constitucionales conocidas como Declaración de Derechos han sido y son violadas rutinariamente.

Kennedy sostiene que muchas de las horribles predicciones de Un mundo feliz de Aldous Huxley (1932) y Mil novecientos ochenta y cuatro de George Orwell (1949) se han convertido en la realidad actual. Además, las donaciones financieras masivas de grandes corporaciones, productos farmacéuticos en particular, y la Fundación Bill y Melinda Gates han comprometido a los principales medios de comunicación y al gobierno. La idea de las donaciones suena atractiva, pero las grandes cantidades de dinero conllevan una gran influencia. Tanto Wolf como Kennedy temen la pérdida de las libertades más valiosas garantizadas constitucionalmente, como las libertades de religión, expresión, prensa y libertad de reunión.

El vehículo más peligroso es una declaración de emergencia. Los Estados Unidos y muchos otros gobiernos tienen esa fraseología en sus leyes. Por lo general, las visiones de una emergencia militar impulsan las leyes, que invariablemente siempre están redactadas de manera vaga. Wolf afirma que a lo largo de la historia ningún jefe de gobierno ha utilizado los poderes de emergencia de manera responsable.

En nuestro tiempo, el gran martillo ha sido COVID-19. Aunque se afirma con frecuencia, prácticamente no hay ciencia para apoyar los cierres dictatoriales y otras medidas ordenadas por los gobiernos federal y estatal. ¿Se puede confiar en las recomendaciones de los Centros para el Control de Enfermedades (CDC) después de recibir hasta $ 100 millones de la Fundación Bill y Melinda Gates?

A pesar de la falta de apoyo científico directo, las medidas gubernamentales draconianas han dañado enormemente la economía, miles de pequeñas empresas que tal vez nunca vuelvan a abrir, los sistemas escolares en todo el país, el proceso electoral y muchos otros efectos indirectos difíciles de medir relacionados con las ansiedades, una miríada de efectos sobre la salud que van desde molestias hasta potencialmente mortales, e incluso suicidios.

> "Pero una constitución de gobierno, una vez cambiada desde la libertad, nunca podrá ser restaurada. La libertad, una vez perdida, se pierde para siempre."
> *John Adams,* carta a Abigail Adams, 7 de julio de 1776
>
> "El miedo es la base de la mayoría de los gobiernos; pero es una pasión tan sórdida y brutal, y vuelve a los hombres, en cuyos pechos predomina, tan estúpidos y miserables, que no es probable que los estadounidenses aprueben ninguna institución política que se base en ella"
> *Fundador John Adams*

Más recientemente, el domingo 28 de marzo de 2021, Wolf habló con Steve Hilton en Fox News: "No puedo decir esto con suficiente fuerza: este es literalmente el fin de la libertad humana en Occidente si este plan (para los pasaportes de vacunas) se desarrolla según lo planeado." Aunque la idea de un pasaporte de vacuna puede sonar bien para algunos, puede y casi con certeza se convertirá más adelante en una plataforma para todo tipo de datos personales, desde el historial de salud hasta los registros de cuentas bancarias y un geo-localizador, que rastrea todos sus movimientos. En ese momento, el gobierno te controla y la libertad deja de existir. Cuando liberales y conservadores se encuentran del mismo lado de la mesa, la amenaza es real. La recuperación depende de la diligencia de todos los ciudadanos y votantes.

Baches en la carretera hacia el socialismo

Una de las mayores vulnerabilidades de una democracia es que, en algún momento, la gente se da cuenta de que puede votar por sí misma "cosas gratis" del gobierno. El resultado es un gasto público desbocado. Esa es exactamente la razón por la que los Fundadores se refirieron a la democracia como "mobocracia". Tenían palabras duras para la democracia. En consecuencia, crearon una república representativa con la separación de poderes y controles y contrapesos bien conocidos de los que todo niño en edad escolar aprende.

En el camino, se volvió más fácil referirse erróneamente al gobierno estadounidense como una democracia. "La propensión conocida de una democracia es al libertinaje que los ... ignorantes creen que es libertad," *Fundador Fisher Ames*, enero de 1788. A medida que el respeto de la Constitución de los Estados Unidos ha disminuido, las acciones de los políticos han erosionado tanto la separación de poderes como los controles. y equilibrios que fueron diseñados para proteger la libertad y la gente.

"Nuestro país es demasiado grande para que todos sus asuntos sean dirigidos por un solo gobierno. Los servidores públicos, a tal distancia y bajo la mirada de sus electores, deben, por la circunstancia de la distancia, ser incapaces de administrar y pasar por alto todos los detalles necesarios para el buen gobierno de los ciudadanos; y la misma circunstancia, al imposibilitar la detección de sus electores, invitará a los agentes públicos a la corrupción, el saqueo y el despilfarro." *Presidente Thomas Jefferson*, carta privada, 1812.

Tenga en cuenta que el diezmo a la Iglesia es voluntario, pero el "diezmo" (impuestos) al gobierno es involuntario y crece aún más rápido bajo el socialismo. Es mucho más fácil despilfarrar los "ingresos" garantizados por el gobierno.

"Para preservar nuestra independencia, no debemos permitir que nuestros gobernantes nos carguen con deudas perpetuas. Debemos hacer nuestra elección entre economía y libertad O profusión y servidumbre." Presidente Thomas Jefferson, (1817) ¿Por qué Estados Unidos tiene billones de dólares en deuda, cuando los ingresos (ingresos) del gobierno alcanzan niveles récord? En resumen, los *Baby Boomers* y su descendencia nunca se han visto obligados a aprender ni siquiera los conceptos básicos de la gestión financiera personal, y mucho menos la gestión de grandes cantidades de dinero de otras personas (ingresos fiscales).

Hoy, los demócratas no tienen interés en un presupuesto federal equilibrado; tienden a seguir la estrategia de Cloward-Piven para romper la nación con programas sociales masivos, lo que les permite exigir más poder para recoger los pedazos y volverse aún más socialistas / autoritarios. Muchos republicanos destacados simplemente se han vuelto insensibles a la idea de un presupuesto equilibrado, luego de décadas de fracasos para lograrlo.

Finalmente, las encuestas de Pew Research (2019) encuentran poco apetito público por un presupuesto equilibrado. La encuesta indica el deseo público de aumentar el gasto en la mayoría de las áreas; Por el contrario, la confianza del público en el gobierno federal ha caído del 77% en 1963 a un mínimo histórico del 17% en 2019. Dado que los votos impulsan a los políticos, la falta de interés público en equilibrar el presupuesto se refleja en la correspondiente falta de capacidad política. voluntad para abordar el problema. ¿Cuáles son los riesgos potenciales?

¡Advertencia! Cuando los gastos federales superan los ingresos, la diferencia solo se puede manejar de dos maneras. *Una es mantener las prensas de impresión de billetes en funcionamiento durante más tiempo*. La impresión de dinero adicional para pagar las facturas inunda la economía con mucho más papel moneda. A medida que aumenta la oferta, el valor (poder adquisitivo) de cada dólar disminuye, lo que requiere más dólares para pagar artículos comunes. Los precios de prácticamente todo aumentan; los aumentos generales se denominan inflación. Los ciudadanos estadounidenses tienen que arreglárselas con menos cosas. Las personas con ingresos fijos, como los jubilados y los beneficiarios de la asistencia social, son las más afectadas.

La segunda forma que tiene el gobierno federal de pagar las facturas es pedir dinero prestado.. ¿De donde? Durante muchos años, el gobierno de los Estados Unidos ha pedido prestado dinero a otros países. Consideran que prestar dinero a Estados Unidos es una muy buena inversión, porque Estados Unidos nunca ha incumplido una deuda. En 2020, el *South China Morning Post* informó que al menos 17 países tienen billones de dólares de deuda estadounidense; Japón y China lideran el grupo por un margen muy amplio. En los últimos años, China ha estado vendiendo silenciosamente su participación.

Si la comunidad financiera mundial alguna vez percibiera un riesgo significativo para los préstamos a los Estados Unidos, debido a un gasto excesivo bruto, el resultado podría desencadenar una venta masiva, de hecho, una ejecución hipotecaria de préstamos estadounidenses. El caos financiero podría hundir al mundo en una gran depresión. Sin embargo, el riesgo es tan grande que habría presión internacional para evitar una venta tan rápida. Sin embargo, Estados Unidos debe poner en orden su casa financiera. Ningún país debería involucrarse jamás en apuestas financieras de tan alto riesgo.

Muchos cristianos se adaptan a la carrera hacia el socialismo reduciendo la verdadera religión a una forma de religión. *"... teniendo apariencia de piedad pero negando su poder. No tenga nada que ver con esa gente."* [2 Timoteo 3: 5 NVI] Es por eso que el tiempo devocional personal con el Señor y la religión familiar es tan importante para la resistencia. ¡La iglesia sola no puede hacerlo! Más información en el Capítulo 9.

El objetivo **último** de la cultura de cancelación socialista es "cancelar a Dios". Mientras tanto, cualquier objeción a cualquier forma de pecado, sin importar cuán extraño sea, se llama discriminación, que se está volviendo cada vez más legalmente exigible. La orientación sexual y la identidad de género se están convirtiendo progresivamente en clases protegidas incluso mientras las definiciones se amplían continuamente más allá de cualquier límite racional. La legislación actualmente pendiente en el Congreso garantizaría protección en una escala muy amplia, transgrediría una multitud de preceptos cristianos y proporcionaría duras penas para las personas religiosas que intentan defender o vivir de acuerdo con su fe profundamente arraigada.

Hace mucho tiempo, dijo *Joseph Stalin* (1923), considero que no tiene ninguna importancia en el partido quién votará o cómo; pero lo que es extraordinariamente importante es esto: quién contará los votos y cómo. Boris Bazhanov *Las memorias del exsecretario de Stalin* (1992);

"Lo que han hecho los jueces es un golpe de estado, lento y gentil, pero un golpe de estado de todos modos." *Juez Robert Bork, Coercing Virtue: The Worldwide Rule of Judges* (2003)

"El germen de la disolución de nuestro gobierno federal está en... el poder judicial federal; un cuerpo irresponsable (porque la acusación no es apenas un espantapájaros) que trabaja como la gravedad de noche y de día, gana un poco hoy y un poco mañana, y avanza silenciosamente como un ladrón, sobre el campo de la jurisdicción, hasta que todo sea resuelto. usurpado de los Estados." *Presidente Thomas Jefferson*, carta al Sr.Hammond (1821)

Trágicamente, debido a un sistema educativo público en decadencia, los Millennials y la Generación Z están entrando en la edad adulta extremadamente mal equipados para proteger la libertad. Es alarmante que el 70% de los millennials afirmen que probablemente votarán por los socialistas. Solo el 57% de los Millennials cree que la Declaración de Independencia "garantiza la libertad y la igualdad" mejor que el Manifiesto Comunista. (victimofcommunism.org)

Durante décadas, los niños de las escuelas públicas han sido adoctrinados con las ideas de que la América tradicional es malvada y un socialismo mucho más deseable proporciona soluciones ideales para todos los mayores problemas percibidos de la sociedad. Alternativamente, considere la mejor relación posible entre la iglesia y el estado.

CAPÍTULO TRES

CONFLICTO IGLESIA/ESTADO O INTERDEPENDENCIA IGLESIA/ ESTADO

"*No tenemos un gobierno armado con un poder capaz de enfrentarse a las pasiones humanas desenfrenadas por la moral y la religión. La avaricia, la ambición, la venganza o la valentía romperían las cuerdas más fuertes de nuestra Constitución como una ballena atraviesa una red.* Nuestra Constitución fue hecha solo para un pueblo moral y religioso. Es totalmente inadecuado para el gobierno de cualquier otro." ***Presidente John Adams***

La fuerza bruta del gobierno entra en conflicto con el cristianismo voluntario

*A*ntes de escribir la Constitución de los Estados Unidos, los Fundadores estudiaron prácticamente todas las formas de gobierno desarrolladas en todo el mundo, a lo largo de la historia registrada. La mayoría de los gobiernos fueron formados a la fuerza por el grupo más fuerte en ese momento, "La fuerza hace lo correcto". El pueblo de los Estados Unidos tuvo la excepcionalmente rara oportunidad de elegir su propia estructura de gobierno.

Una de las mayores preocupaciones de los Fundadores fue la tendencia de los países a adoptar una religión nacional, generalmente el cristianismo protestante o católico en Europa. Cada vez que se nombraba una religión nacional, ya fuera por un rey o como resultado de un movimiento relacionado con la reforma, el rey como jefe de estado cívico tendía a usurpar gradualmente la autoridad de la iglesia, utilizando la fuerza bruta del gobierno para ordenar o prohibir varias actividades que incluyen actividades asociadas con la adoración de Dios. Al hacerlo, la fuerza del gobierno tendió a pisotear el precioso regalo de Dios del libre albedrío o la libertad, del cual depende gran parte de la fe cristiana.

Claras desviaciones de la enseñanza bíblica se agregaron a lo largo del tiempo, causando confusión, eventualmente colapsando la cultura de la nación o creando suficiente vulnerabilidad para ser conquistada por otra nación. *Había un conflicto inherente entre la naturaleza contundente del gobierno y la naturaleza voluntaria de prácticamente todos los aspectos del cristianismo*. Los Fundadores no crearon una teocracia porque la fe y el amor deben ser voluntarios.

El conflicto fue causado principalmente por la naturaleza pecaminosa del hombre, heredada por la caída de Adán y Eva en el Jardín del Edén. La naturaleza pecaminosa es la tendencia orgullosa de las personas a tomar decisiones para la protección, el beneficio y la elevación de sí mismos. A pesar de las acusaciones contemporáneas de lo contrario, la mayoría de los Fundadores eran cristianos devotos; comprendieron muy bien la naturaleza pecaminosa del hombre. Los filósofos seculares se refieren al mismo fenómeno como egoísmo. Independientemente de la etiqueta, el poder siempre ha tendido a concentrarse a expensas de la libertad personal, en todo el mundo en todo momento de la historia registrada. Uno de los mayores desafíos de los Fundadores fue evitar la concentración de poder, que de otra manera parecía virtualmente inevitable.

Los fundadores lo hicieron bien

La solución constitucional que puso el gobierno federal es una caja muy ajustada, caracterizada por la separación de poderes ineludiblemente clara, destinada a evitar la concentración gradual de poder. Los controles y contrapesos que la mayoría de los estadounidenses conocieron o deberían haber aprendido en la escuela fueron diseñados para erigir barreras formidables a la agregación del poder, por parte de cualquier rama del gobierno.

Sin embargo, había un grupo de "antifederalistas" que todavía estaban muy preocupados por la posibilidad de que se perdieran en el futuro las libertades que Dios les había dado. Como resultado, se colocaron pesadas cadenas alrededor de la "caja" del gobierno federal, cadenas llamadas Declaración de Derechos, es decir, las primeras diez enmiendas a la Constitución. Para subrayar su máxima prioridad, la primera libertad citada fue la libertad de religión.

La libertad de religión constitucional impide que el gobierno federal interfiera o se inmiscuya en la religión de cualquier forma. La única forma de alterar la Constitución de los Estados Unidos o cualquiera de las 27 enmiendas posteriores es a través del arduo proceso de enmienda que requiere, entre otras cosas, el voto directo del pueblo. La conocida frase "separación de la iglesia y el estado" no aparece en la Constitución; sin embargo, se entendió claramente que su significado estaba alineado con la intención original durante más de 140 años.

La Corte Suprema de Estados Unidos lo arruinó repetidamente

En 1947, *Everson v. Board of Education*, 330 US 1, la Corte Suprema de los Estados Unidos dictó una decisión revolucionaria que cambió la frase de "separación de iglesia y estado". Durante 140 años, todos entendieron que la "separación de la iglesia y el estado" de Jefferson simbolizaba un brazo rígido de resistencia que impedía al gobierno federal abordar la religión de cualquier manera. La religión, si se abordaba en absoluto, era competencia del gobierno estatal y local.

La Corte cambió la "separación de la iglesia y el estado" al acoplar la Primera Enmienda, que garantizaba las libertades religiosas y de otro tipo, con la Decimocuarta Enmienda, que otorgaba formalmente la ciudadanía y los privilegios de la ciudadanía a los ex esclavos.

La disputa se refería a una ley de Nueva Jersey que permitía a los distritos escolares reembolsar a los padres los costos de transporte de sus hijos a escuelas privadas. El Apelante argumentó que la práctica era inconstitucional. En una decisión cerrada, la Corte Suprema de Estados Unidos confirmó la ley. Sin embargo, "el diablo está en los detalles". Considere los propósitos limitados de las enmiendas constitucionales.

La Primera Enmienda fue diseñada para evitar que el gobierno federal (solo) interfiera en la religión y las prácticas religiosas de cualquier manera. La Decimocuarta Enmienda fue escrita para evitar que los Estados reduzcan, de alguna manera, los derechos civiles de los antiguos esclavos (solo). Para ese propósito limitado, el panel de jueces no electos en la Corte de 1947, asignó inapropiadamente al gobierno federal una amplia autoridad para "supervisar" legalmente a los estados. Se convirtió en la autoridad

53

fundamental para que el gobierno federal ejerciera control directo sobre los estados. Claramente, a los votantes no se les dio ninguna opción al respecto.

En vista de los propósitos muy estrechos y dispares de las Enmiendas Primera y Decimocuarta, vincularlas para cualquier propósito es asombrosamente inconstitucional, incluso para un observador casual, pero no hay apelación de los fallos de la Corte Suprema. Sin embargo, la Corte de 1947 interpretó la Decimocuarta Enmienda de manera muy amplia, cubriendo los privilegios e inmunidades de todos los ciudadanos (no solo los antiguos esclavos) de todos los Estados (no solo los ciudadanos de los Estados Unidos). La interpretación demasiado amplia se convirtió en la justificación para aplicar la autoridad federal recientemente otorgada para imponer agresivamente la Primera Enmienda a los estados y luego a las personas supuestamente para proteger sus derechos civiles.

El resultado del acoplamiento arbitrario fue 1) la creación de un "muro" de separación casi impenetrable, que eventualmente se convirtió en un muro de hostilidad hacia el cristianismo, y 2) el establecimiento de la autoridad del gobierno federal a través de los tribunales para extender el concepto de separación rígida en estados, ciudades, escuelas e incluso individuos. La vasta autoridad fue usurpada abruptamente por la Corte Suprema. La autoridad nunca estuvo en la Constitución, ni fue votada por los ciudadanos. Gradualmente, mediante la "incorporación selectiva", los tribunales impusieron toda la Declaración de Derechos a los estados, las escuelas y las personas, así como al gobierno federal.

La autoridad fue tomada por la Corte en un momento en que las comunicaciones nacionales eran muy limitadas y la mayoría de la gente todavía disfrutaba del sol de la paz posterior a la Segunda Guerra Mundial. Tenga en cuenta que siete de los nueve jueces de la Corte Suprema habían sido nombrados por el muy liberal *presidente Franklin D. Roosevelt*; uno de los dos magistrados restantes designados por *el presidente Harry S. Truman* se había desempeñado como funcionario ejecutivo en el gabinete del presidente Roosevelt.

La intención constitucional original era erigir un muro de separación claro e inequívoco entre el gobierno federal y los estados, todos los gobiernos locales y la gente. El propósito principal era proteger a la gente y sus libertades dadas por Dios de la extralimitación del gobierno federal o el abuso absoluto.

Desde entonces, los tribunales han emitido una larga serie de fallos que han ignorado la intención original de la Primera Enmienda, expulsando efectivamente al cristianismo de la plaza pública. Los cristianos intimidados también han permitido que la mayor parte del discurso cristiano salga de la plaza pública. Sin embargo, como muchos han reconocido históricamente, el gobierno de los Estados Unidos no puede perdurar para la posteridad sin el cristianismo. *En última instancia, la Corte Suprema abandonó en gran medida su papel más importante como garante de la Constitución de los Estados Unidos.*

El fracaso de la Corte Suprema de los Estados Unidos allanó el camino para la cultura política actual en la que el Congreso promulga de forma rutinaria leyes que parecen ser una buena idea, sin tener en cuenta la constitucionalidad del proyecto de ley. El ancla constitucional está a la deriva.

EL GOBIERNO DE LOS ESTADOS UNIDOS NO PUEDE SOPORTAR SIN EL CRISTIANISMO

"Si los libros religiosos no circulan ampliamente entre las masas de este país, no sé qué será de nosotros como nación. Si la verdad no se difunde, habrá error; si Dios y su Palabra no son conocidos y recibidos, el diablo y sus obras ganarán el predominio. Si el volumen evangélico no llega a todos los caseríos, las páginas de una literatura corrupta y licenciosa lo harán; Si el poder del Evangelio no se siente a lo largo y ancho de la tierra, la anarquía y el mal gobierno, la degradación y la miseria, la corrupción y la oscuridad reinarán sin mitigación ni fin". *Senador Daniel Webster*

"... donde está el Espíritu del Señor, hay libertad"
[2 Corintios 3:17 RV]

"Estad, pues, firmes en la libertad con que Cristo nos hizo libres, y no os enredes de nuevo con el yugo de la servidumbre".
[Gálatas 5: 1 RV]

La verdad es que la política y la moral son inseparables. Y como el fundamento de la moralidad es la religión, la religión y la política están necesariamente relacionadas. Necesitamos la religión como guía; lo necesitamos porque somos imperfectos. "... Nuestro gobierno necesita a la iglesia porque solo aquellos lo suficientemente humildes como para admitir que son pecadores pueden traer a la democracia la tolerancia que requiere para sobrevivir... Un estado no es más que un reflejo de sus ciudadanos; cuanto más decentes sean los ciudadanos, más decente será el estado ... Si alguna vez olvidamos que somos 'Una nación bajo Dios', entonces seremos una nación hundida". Presidente Ronald Reagan (1984) La política y la moralidad son inseparables, desayuno de oración ecuménica, Dallas, Texas

TODA la libertad viene de Dios

Toda libertad viene de Dios; Los gobiernos solo pueden eliminarlo exigiendo o prohibiendo las acciones del individuo.. Esta verdad ha sido reconocida desde su fundación hasta la actualidad. "La libertad no es un regalo que nos otorgan otros hombres, sino un derecho que nos pertenece por las leyes de Dios y la naturaleza." *Benjamin Franklin*" Los derechos del hombre no provienen de la generosidad del estado, sino de la mano de Dios." *Presidente John F. Kennedy*, discurso inaugural, 1961

El propósito principal del gobierno es proteger el precioso regalo de la libertad otorgado por Dios.. Esa libertad impulsada por Su amor y limitada por los límites de las Escrituras, principalmente las prohibiciones de los Diez Mandamientos y otras limitaciones morales / éticas de la conducta, depende de la moderación voluntaria. Las prohibiciones y limitaciones se dieron en beneficio de la humanidad para asegurar la riqueza de la experiencia humana.

Cuando se aprueban leyes y se adoptan reglamentos que se extienden más allá del ámbito diseñado para proteger la libertad, la libertad se pierde progresivamente. No existe una barrera confiable en el camino hacia el autoritarismo y la tiranía.

"Dios que nos dio la vida nos dio libertad, y ¿Pueden las libertades de una nación estar seguras cuando hemos eliminado la convicción de que estas libertades son un don de Dios? De hecho, tiemblo por mi país cuando pienso que Dios es justo, que su justicia no puede dormir para siempre."
Presidente Thomas Jefferson

"El único fundamento de una Constitución libre es la Virtud pura, y si esto no se puede inspirar en nuestro Pueblo en una medida mayor que la que tienen ahora, pueden cambiar sus Gobernantes y las formas de Gobierno, pero no obtendrán una libertad."
Presidente John Adams

Los *Declaración de la independencia* y la *Constitución de Estados Unidos*presuponer y reafirmar el interés y la participación de Dios en los asuntos de los estadounidenses. Los documentos fundacionales dependen absolutamente de la fe del pueblo como la *única* base para la estabilidad y la prosperidad continuas de la nación en el futuro a largo plazo. Quizás *el Presidente George Washington* lo dije mejor, "De todas las disposiciones y hábitos que conducen a la prosperidad política, la religión y la moralidad son soportes indispensables. En vano reclamaría el hombre el tributo del patriotismo, que debiera esforzarse por subvertir estos grandes pilares de la felicidad humana, estos más firmes puntales de los deberes de la humanidad. Hombres y ciudadanos".

LA LIBERTAD CIVIL NO PUEDE PERMANECER MUCHO TIEMPO SIN LA ESTABILIDAD Y LA RESTRICCIÓN VOLUNTARIA DE LA LIBERTAD ESPIRITUAL

> "La religión que ha introducido la libertad civil es la religión de Cristo y sus apóstoles, que prescribe la humildad, la piedad y la benevolencia; que reconoce en cada persona un hermano o una hermana y un ciudadano con los mismos derechos. Este es el cristianismo genuino, ya esto debemos nuestras Constituciones de Gobierno libres." *Noah Webster*

Por el contrario, la libertad espiritual debe tener libertad civil para su libre ejercicio. Aunque las organizaciones eclesiásticas y estatales están separadas en los Estados Unidos, existe una interdependencia vital entre la forma de gobierno estadounidense y la fe del pueblo.

Uno de los primeros observadores franceses, *Alexis de Tocqueville* (circa 1835) observó: "Los estadounidenses combinan las nociones de cristianismo y libertad tan íntimamente en sus mentes que es imposible hacerlos concebir el uno sin el otro" y "La religión en Estados Unidos ... debe ser considerada como la más importante de las instituciones políticas de ese país".

Coronel William Prescott proclamó (1774), "Nuestros antepasados cruzaron el vasto Atlántico, gastaron su sangre y su tesoro para poder disfrutar de sus libertades tanto civiles como religiosas y transmitirlas a su posteridad. Ahora bien, si los abandonáramos, ¿podrían nuestros hijos levantarse y llamarnos bienaventurados? (una referencia bíblica a *Proverbios 31:28*) Claramente, los estadounidenses deben tener libertad civil dentro de la cual vivir y practicar libremente su libertad espiritual. La libertad civil y la libertad espiritual son ambos dones de Dios; ninguno es otorgado por el gobierno.

Considere en detalle el gráfico Conservadurismo v. Liberalismo. Ilustra el funcionamiento de la interdependencia entre el gobierno y la fe del pueblo, colectivamente llamado iglesia. El amor y la buena voluntad de Dios fluyen a través de los verdaderos creyentes; es fácilmente visible como el maravilloso y precioso regalo de la libertad de Dios. Como resultado de la influencia más amplia de Dios en la cultura estadounidense, los escritores de la Declaración de Independencia y la Constitución de los Estados Unidos, la mayoría de los cuales eran devotos creyentes, también se beneficiaron del amor y la buena voluntad de Dios al realizar esfuerzos extraordinarios para crear un público férreo. , documentos legales que protegerían el asombroso regalo de la libertad a la posteridad.

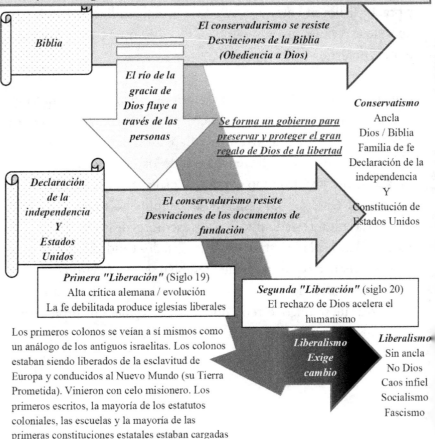

Conservadurismo contra Liberalismo
La libertad es un regalo de Dios y solo Dios, NO una subvención del gobierno.

La libertad es una necesidad del alma y nada más. Es en el esfuerzo hacia Dios que el alma se esfuerza continuamente por alcanzar una condición de libertad.. *Dios solo es el incitador y garante de la libertad. Él es el único garante.* La libertad exterior es solo un aspecto de la libertad interior. La libertad política, como la ha conocido el mundo occidental, es solo una lectura política de la Biblia. La religión y la libertad son indivisibles. Sin libertad el alma muere. Sin alma no hay justificación para la libertad. Whittaker Chambers, [Periodista, autor, ex comunista desertó a Occidente] 1952, Testigo

Biblia

El conservadurismo se resiste
Desviaciones de la Biblia
(Obediencia a Dios)

El río de la gracia de Dios fluye a través de las personas

Se forma un gobierno para preservar y proteger el gran regalo de Dios de la libertad

Conservatismo
Ancla
Dios / Biblia
Familia de fe
Declaración de la independencia
Y
Constitución de Estados Unidos

Declaración de la independencia Y Estados Unidos

El conservadurismo resiste Desviaciones de los documentos de fundación

Primera "Liberación" (Siglo 19)
Alta crítica alemana / evolución
La fe debilitada produce iglesias liberales

Segunda "Liberación" (siglo 20)
El rechazo de Dios acelera el humanismo

Los primeros colonos se veían a sí mismos como un análogo de los antiguos israelitas. Los colonos estaban siendo liberados de la esclavitud de Europa y conducidos al Nuevo Mundo (su Tierra Prometida). Vinieron con celo misionero. Los primeros escritos, la mayoría de los estatutos coloniales, las escuelas y la mayoría de las primeras constituciones estatales estaban cargadas

Liberalismo Exige cambio

Liberalismo
Sin ancla
No Dios
Caos infiel
Socialismo
Fascismo

1. *La Biblia es el ancla de fe perfecta y sólida como una roca.* Cualquier desviación de las Escrituras es un intento de reemplazar la sabiduría perfecta de Dios con la "sabiduría" imperfecta del hombre, seriamente defectuosa. "*Porque*

mis pensamientos no son vuestros pensamientos, ni vuestros caminos mis caminos, declara el SEÑOR. Porque como los cielos son más altos que la tierra, así mis caminos son más altos que tus caminos y mis pensamientos más que tus pensamientos." [*Isaías 55: 8-9 ESV*] "Porque la locura de Dios es más sabia que los hombres, y la debilidad de Dios es más fuerte que los hombres." [*1 Corintios 1:25 ESV*] Las personas necesitan que el gobierno les proporcione libertad cívica, dentro de la cual puedan practicar su libertad espiritual.

2. *Los documentos fundacionales de Estados Unidos (Declaración de Independencia y Constitución) juntos son el ancla de un gobierno libre.* Fueron el mejor intento de los Fundadores, que eran cristianos o hombres impulsados por los ideales y principios de la tradición judeocristiana, incrustados en la cultura del momento, para formar un gobierno libre duradero y estabilizar la cultura estadounidense para la posteridad. Los documentos se alinearon en la medida de lo posible con la sabiduría de Dios expresada en las Escrituras. Como tal, cualquier desviación de los documentos fundacionales también es en gran parte un intento de reemplazar la sabiduría perfecta expresada en las Escrituras. Como tal, cualquier desviación de los documentos fundacionales también es en gran parte un intento de reemplazar la sabiduría perfecta de Dios con la sabiduría imperfecta seriamente defectuosa del hombre. El gobierno necesita que el pueblo judeocristiano estabilice la cultura estadounidense ejerciendo moderación y obedeciendo voluntariamente la ley.

NO PUEDE HABER UN DEBILITAMIENTO O COLAPSO DEL GOBIERNO ESTADOUNIDENSE SIN EXPERIMENTAR PRIMERO UN DEBILITAMIENTO DE LA FE DE LOS ESTADOUNIDENSES.

Investigadores de los más altos niveles de los gobiernos de China y Rusia han estudiado a Estados Unidos y han llegado a la misma conclusión de forma independiente. La fuerza de Estados Unidos está en la fe y la familia; Destruye a la familia, la fe se hará añicos y Estados Unidos colapsará. Es asombroso que nuestros enemigos puedan descubrir el "secreto" del *éxito* envidiable de Estados Unidos, pero los estadounidenses parecen haber perdido su poderosa herencia.

La *íntima* armonía del cristianismo y la forma de gobierno estadounidense ha sido bendecida por Dios y ha sostenido a nuestro país durante cientos de años. Pero hoy, el movimiento liberal progresista / socialista trabaja incansablemente para pintar a los cristianos como rebeldes al gobierno. El gobierno de los Estados Unidos es el *único* gobierno creado por el cuerpo de Cristo, confiando en Dios para su dirección. Dios ha bendecido a nuestro gobierno y a nuestro pueblo más que ningún otro. NO DEBEMOS, por el pecado de negligencia, permitir que el gobierno continúe deteriorándose y autodestruyéndose.

> "Desde el día de la Declaración ... ellos [el pueblo estadounidense] estaban sujetos a las leyes de Dios, que todos ellos, y a las leyes del Evangelio, que casi todos reconocieron como las reglas de su conducta"
> *Presidente John Quincy Adams*
>
> "Sin embargo, cuando un pueblo se ha vuelto incapaz de gobernarse a sí mismo y es apto para un maestro, es de poca importancia de dónde venga".
> *Presidente George Washington*

Creyentes cristianos comprender o debería comprender las interrelaciones temporales y eternas entre las influencias físicas, intelectuales, emocionales y espirituales en esta vida y en la próxima. El materialismo cae fácilmente al fondo de sus prioridades, al menos para los creyentes maduros. *Incrédulos* ven la manipulación forzosa de la riqueza y los bienes materiales como una obligación natural del gobierno. Tal punto de vista se alinea fácilmente con el socialismo. Por lo tanto, para ellos es la máxima prioridad.

Capítulo cuatro

El socialismo está llegando a un vecindario cercano a ti

~

"Sin embargo, no me escucharon ni inclinaron el oído, sino que endurecieron el cuello. Lo hicieron peor que sus padres. … 'Esta es la nación que no escuchó la voz del Señor su Dios, y no aceptó la disciplina; la verdad ha perecido; es cortado de sus labios." *[Jeremías 7: 26-28 RSV]*

TODOS los problemas culturales tienen raíces espirituales

E l gobierno de los Estados Unidos se ha polarizado cada vez más entre las personas que persiguen *el bien, haciendo las cosas a la manera de Dios, y los que persiguen el mal, haciendo las cosas a la manera del hombre. La Biblia describe la división como un lado que "hace lo que es recto a los ojos de Dios" (hoy representado por la religión verdadera) y los que "hacen lo que es recto a sus propios ojos". (Humanismo / progresismo / socialismo / marxismo / globalismo). Es una batalla espiritual.* Hoy, hay caos en Estados Unidos y caos en Washington, DC. Es el resultado de repetidas violaciones del principio básico de que todos los problemas culturales tienen raíces espirituales.

Simplemente, un problema espiritual no se puede resolver con ayuda política. El Gobierno sólo tiene la capacidad de mover grandes sumas de dinero y utilizar su fuerza bruta para exigir o prohibir las acciones de los ciudadanos privados. En **última** instancia, el comportamiento humano es alimentado por las profundas raíces espirituales de la conciencia (convicciones) o la falta de ella.

Durante el cautiverio en Babilonia, Ezequiel proclamó las palabras del Señor al antiguo pueblo de Judá: *"Sin embargo, tu pueblo dice: 'El camino del Señor no es justo'. Pero es su manera la que no es justa. Si una persona justa se aparta de su justicia y hace el mal, morirá por ello. Y si una persona malvada se aparta de su maldad y hace lo que es justo y recto, vivirá haciéndolo. Sin embargo, ustedes, los israelitas, dicen: "El camino del Señor no es justo". Pero los juzgaré a cada uno según sus propios caminos."* [***Ezequiel 33: 17-20 NIV***] El mensaje del profeta captura bien los puntos de vista y las actitudes de los incrédulos en general y de los políticos estadounidenses de hoy que apoyan directa o indirectamente al socialismo.

> "Porque no luchamos contra sangre y carne, sino contra los gobernantes, contra las autoridades, contra los poderes cósmicos sobre las tinieblas actuales, contra las fuerzas espirituales del mal en los lugares celestiales".
> *[Efesios 6:12 ESV]*

> "¡Ay de los que llaman al mal bien y al bien mal, que ponen las tinieblas por luz y la luz por tinieblas, que ponen lo amargo por dulce y lo dulce por amargo!"
> *[Isaías 5:20 ESV]*

Las Escrituras revelan que la batalla final, que se libra continuamente, entre el bien y el mal se origina en "lugares celestiales". [***Efesios 6:12 ESV***] La misma batalla es fácilmente visible en las culturas terrenales, donde una masa de personas busca moverse siempre hacia Dios y otra masa de personas se aleja o huye de Dios lo más rápido posible. Las masas tienden a polarizarse en torno a los dos partidos políticos más destacados.

El tercer nivel de la batalla está en lo más profundo del alma o conciencia de cada individuo. Prácticamente toda elección o decisión, todos los días, es una elección entre el bien y el mal, la obediencia a Dios o la rebelión contra Dios (obediencia a uno mismo). Al final, Dios gana la batalla en los lugares celestiales, en la cultura y en las almas de los creyentes comprometidos. Nuestro deber es simplemente ser obedientes a Dios con entusiasmo y amor en primer lugar para que Su intervención o corrección no sea necesaria.

Los políticos comúnmente declaran que Estados Unidos está polarizado y debe estar unificado. Un político u otro pretende ser el mejor unificador. En contraste, considere lo que hizo que Estados Unidos "se uniera" durante casi 400 años, desde la llegada de los primeros colonos. El gran unificador siempre ha sido la profunda convicción de que el Dios de la Biblia existe y tiene un interés personal en nuestra vida diaria. Su Hijo, Jesucristo, el Mesías, caminó entre nosotros durante 33 años, proporcionando un modelo a seguir perfecto, murió de una muerte particularmente espantosa y tortuosa en la cruz romana, para pagar el castigo por los pecados contra Dios por todos los que aceptan el Mesianismo de Jesús. Resucitó de entre los muertos tres días después para probar Su identidad de una vez por todas.

Ningún otro unificador es posible. No puede haber unidad entre el bien y el mal. Hace cincuenta años, un político podía "cruzar el pasillo" buscando un compromiso cuando los dos partidos políticos principales ofrecían diferentes caminos hacia objetivos similares. Hoy, los objetivos de los partidos Republicano y Demócrata son diametralmente opuestos. "Compromiso" a menudo significa que el bien concede sólo una parte de lo que el mal exige ahora. Volverán por el resto en unos años o antes.

Demasiadas personas se han dejado convencer de que la religión es "privada" y "personal", entre ellos y un dios imaginario, si es que lo necesitan. En esencia, la religión ha sido llevada al margen de la sociedad. En realidad, el cristianismo es el fundamento de toda vida, el significado de toda la vida y la **única** fuente de inspiración, principios y marco que dan vida para la mejor vida posible ahora y una vida eterna dichosa cuando esta llegue a su fin.

EL CRISTIANISMO HA SIDO RESPONSABLE DE LA ASOMBROSA ESTABILIDAD DE AMÉRICA DURANTE CASI CUATRO SIGLOS.

Todas las personas son defectuosas, imperfectas y propensas al error, a pesar de su mejor esfuerzo por hacer lo correcto en tantas situaciones de la vida como sea posible. Los defectos e imperfecciones se magnifican fácilmente en grupos de personas del tamaño de la cultura nacional. Por ejemplo, los males de la esclavitud se arraigaron en la cultura estadounidense más de 100 años antes de que Estados Unidos existiera. El movimiento cada vez más agresivo por la abolición de la esclavitud nació y se desarrolló a partir del cristianismo. Sin embargo, se necesitaron 60 años más y una guerra civil muy sangrienta para erradicar finalmente la esclavitud.

Del mismo modo, hay una cantidad considerable de información en Internet que deplora el presunto genocidio de los nativos americanos. En realidad, había mucha culpa para todos. En medio de las críticas, rara vez se menciona la tierra comprada a los nativos americanos. Rara vez se menciona la extensa obra misionera entre los nativos americanos. Rara vez se menciona la educación que se brinda a los nativos americanos.

Hoy en día, hay 570 tribus nativas americanas reconocidas por el gobierno federal. Aproximadamente la mitad están asociados con reservas. El resto de los nativos americanos vive entre el resto de los ciudadanos estadounidenses. La mayoría de las tribus han sido históricamente pacíficas. Sin embargo, Hollywood recordó a unas dos docenas de las tribus más belicosas de las películas occidentales, de las cuales muchas personas recogieron sus desafortunadas impresiones estereotipadas de los nativos americanos. En las películas, la violencia es drama, al igual que en las películas sobre la guerra, el crimen, todo llevado al extremo en las llamadas películas de acción.

La realidad histórica es que ha habido violencia continua en todas las culturas del mundo desde el comienzo de la historia registrada. La violencia es el resultado directo de una Creación caída y una competencia agresiva entre individuos y naciones orgullosos para acumular cada vez más poder, influencia, tierra y posesiones materiales. Jesucristo es el gran pacificador. "Bienaventurados los pacificadores..." [*Mateo 5: 9 ESV*] El cristianismo ha sido responsable de los acuerdos de paz internacionales más duraderos que no se basan en el miedo mutuo. Aquellas ocasiones en las que los grupos de adherentes al cristianismo parecían fomentar la violencia o la guerra nunca deberían empañar el amor del Dios eterno. Los fracasos son del pueblo, no de Dios.

En el contexto de los Estados Unidos de América, casi todas las guerras han sido defensivas. *Colin Powell*, general y más tarde 65 ° secretario de Estado, resumió:

"...Diría que somos el Gran Protector. Hemos enviado hombres y mujeres de las fuerzas armadas de los Estados Unidos a otras partes del mundo durante el siglo pasado para acabar con la opresión. Derrotamos al fascismo. Derrotamos al comunismo. Salvamos a Europa en la Primera Guerra Mundial y la Segunda Guerra Mundial. Estábamos dispuestos a hacerlo,

felices de hacerlo. Fuimos a Corea. Fuimos a Vietnam. Todo
en aras de preservar los derechos de las personas. Y cuando
todos esos conflictos terminaron, ¿qué hicimos? ¿Nos
quedamos y conquistamos? ¿Dijimos, "Está bien, derrotamos
a Alemania. ¿Ahora Alemania nos pertenece? Derrotamos
a Japón, entonces Japón nos pertenece"? No. ¿Qué hicimos?
Los construimos. Les dimos sistemas democráticos que han
abrazado totalmente en su alma. ¿Y pedimos alguna tierra?
No, la única tierra que pedimos fue suficiente para enterrar a
nuestros muertos.

Impresionante libertad del pecado

Cuando un hombre o una mujer acepta a Jesucristo como Salvador
o Mesías personal, el individuo se libera de la esclavitud del pecado.
Hasta ese momento, él / ella es un esclavo del pecado y no tenía
más remedio que pecar como una forma de vida egocéntrica. Así
"regenerado", el nuevo creyente tiene la libertad de elegir pecar o
no pecar. Como Cristo prometió, el Espíritu Santo habita dentro
del creyente, incitándolo a tomar consistentemente las decisiones
correctas y piadosas. Sin embargo, el creyente es libre de tomar
decisiones tanto malas como correctas. La libertad es impresionante.
Sin embargo, es grande la responsabilidad de tomar decisiones
acertadas de manera constante.

Los incrédulos están virtualmente unidos en su común esclavitud
al pecado, adoptando fácilmente los valores humanistas y luchando
sin descanso para acumular tanto dinero, influencia y poder como
sea posible. "Eres de tu padre el diablo, y tu voluntad es hacer los
deseos de tu padre. Él fue un homicida desde el principio, y no está
en la verdad, porque no hay verdad en él. Cuando miente, habla de
su propio carácter, porque es un mentiroso y el padre de la mentira".
[*Juan 8: 44-45 ESV*] Note que el principio humanista de que no

hay una verdad objetiva fluye directamente de la proclamación de Jesús en el Libro de Juan. En otra parte, Jesús declaró: "Yo soy ... la Verdad ..." *[Juan 14: 6 ESV]*

En contraste, los creyentes tienden a estar desunidos debido a los diferentes niveles de su compromiso con la fe en Dios, lo que produce diversos grados de obediencia o desobediencia, como estilo de vida, día a día o incluso hora a hora. Cualquier cosa que no sea la fe más comprometida de una persona tiende a ser receptiva al mal, al menos en asuntos pequeños creciendo gradualmente a grandes a expensas de una fe menguante.

Una república representativa protege la libertad y se resiste al socialismo

Una república representativa, el gobierno tradicional de los Estados Unidos, es un intento colectivo de preservar y proteger el maravilloso y asombroso regalo de la libertad de Dios. El don de Dios dura solo mientras haya una masa crítica de creyentes dispuestos a luchar activamente y defender la libertad cívica (libertad de religión) así como la libertad espiritual (libertad de la esclavitud del pecado). La "lucha" está impulsada por convicciones espirituales, una profunda pasión del alma por la libertad.

En un sentido cívico, el socialismo es un intento colectivo de devolver a la gente al cautiverio práctico de sus propios pecados y los pecados de los demás. El socialismo crea una jerarquía de dioses propios. En última instancia, sacrifica la libertad al más alto dios propio, en el gobierno, que es el presidente, si el presidente es un incrédulo.

La gravedad espiritual se establece por defecto en Humanismo / Socialismo. El amor de Dios, la energía espiritual, pasa a través de los creyentes, debilitado por la interferencia del orgullo, y tiende a disiparse a menos que el creyente acceda a la "bomba" espiritual de la Biblia, la oración y el Espíritu Santo para reemplazar el amor disipado de Dios.

Tenga en cuenta que un conservador ve la Biblia como inspirada por Dios, perfecta, infalible e infalible. El conservador ve los documentos fundacionales de los Estados Unidos como imperfectos, pero escritos con la intención explícita de estar lo más alineados posible con las Escrituras. Como tal, se debe resistir el cambio para alentar y preservar una alta prioridad social de amor y obediencia a Dios y una cultura piadosa estable que perdurará para la posteridad.

En contraste, un liberal ve la Biblia de manera similar a otros libros. En consecuencia, la Biblia debe interpretarse con una amplia libertad de aplicación a la cultura de la época. El liberal ve los documentos fundacionales, en particular la Constitución, como un documento flexible y en evolución, que cambia con las condiciones y los tiempos cambiantes. La visión liberal no reconoce ningún ancla espiritual o cultural, lo que abre la puerta a la búsqueda de los valores humanistas, lo que lleva a un control cada vez mayor por parte de los líderes socialistas. El resultado a largo plazo es una evolución al socialismo / comunismo y más tarde una devolución al caos.

Comparar:
Estados Unidos es una república representativa en camino al socialismo

República	Socialismo
América fundada	América virtualmente socialista hoy
Protege la libertad personal	Niega la libertad personal
Dispersa el poder del gobierno	Concentra el poder del gobierno
Protege al individuo a expensas del estado	Protege al estado y a los líderes de élite a expensas del individuo
Depende de la responsabilidad personal	Responsabilidad dispersa, culpar a otros
Reconoce a Dios y su amor personal	*Niega a dios*
Honra y depende de Dios	Honra la jerarquía de dioses propios del humanismo
Honra la Declaración de Independencia como ancla espiritual de la República	Ignora la Declaración de Independencia.
Honra la Constitución de los Estados Unidos como ancla del gobierno y garante de todas las libertades	Considera que la Constitución de los Estados Unidos es flexible. Por tanto, no existe una constitución real.
Economía de libre empresa	Economía socialista gestionada
Igualdad de oportunidades	Igualdad de resultados
La educación produce adultos de carácter fuerte con habilidades empleables	La educación es la oportunidad perfecta para el adoctrinamiento temprano en el pensamiento socialista
La educación depende del apoyo, la participación y la cooperación de los padres.	Educación proporcionada por "profesionales"; separa a los niños de los padres
Se acumula	Derriba
Estados Unidos estabilizado con éxito durante casi 400 años	Récord global de 100% de fallas

La polarización espiritual (puntos de vista conservadores y liberales de las Escrituras) produce una polarización cívica (puntos de vista conservadores y liberales de los documentos fundacionales de Estados Unidos) entre la república representativa fundadora —a menudo erróneamente llamada democracia hoy— y el socialismo. Considere las grandes diferencias entre una república y el socialismo como se ilustra en el gráfico.

En una república, el individuo es supremo; el estado es responsable ante la gente. En un país socialista, el estado es supremo; la gente es responsable ante el estado, una situación que se encuentra cada vez más en los Estados Unidos, porque la mayor parte del gobierno está ahora fuera del alcance de los votantes. Una república protege la libertad individual al limitar el tamaño y el alcance del gobierno; un estado socialista aumenta intencional y progresivamente el tamaño del gobierno para asegurar un poder cada vez mayor para proteger la seguridad del estado y sus líderes de élite, a expensas de la libertad del pueblo. Las repúblicas tienden a dispersar el poder, reteniéndolo en el nivel más bajo posible (niveles local / estatal) para la rentabilidad y la rendición de cuentas a los votantes. Los estados socialistas inevitablemente concentran el poder.

La consideración primordial es que una república como los Estados Unidos siempre ha reconocido la providencia, la protección, la gracia y el amor de Dios. Vivir dentro de Sus límites, incluida una cultura caracterizada por familias estables, es la única forma en que la cultura y la libertad estadounidenses pueden mantenerse para la posteridad. Un estado socialista niega la existencia de Dios viendo a las personas como dioses propios debido a su alta posición en la cadena evolutiva errónea y defectuosa. En última instancia, el "dios" más grande es el jefe del gobierno federal. En consecuencia, una república puede durar mucho tiempo, planearon los Fundadores para la posteridad; un gobierno socialista está condenado a crecer hasta colapsar en el caos.

Un ejemplo sorprendente de la interdependencia de la iglesia y el estado lo ilustra la adhesión pública o la falta de ella a los Diez Mandamientos (iglesia) y la Declaración de Derechos constitucional (estado patrocinado por la iglesia). De hecho, el materialismo excesivo viola los diez mandamientos; el gobierno excesivo viola casi las diez enmiendas constitucionales conocidas como la Declaración de Derechos.

Para que el mal prevalezca, las convicciones profundas del alma del pueblo estadounidense deben primero verse comprometidas y los Diez Mandamientos violados de manera rutinaria. Solo entonces los políticos, los jueces y el público en general pueden eludir o ignorar rutinariamente la Declaración de Derechos. Considere la advertencia profética del presidente *George Washington* y su apoyo bíblico.

"La dominación alterna de una facción sobre otra, agudizada por el espíritu de venganza natural de la disensión partidista, que en diferentes épocas y países ha perpetrado las más horrendas atrocidades, es en sí misma un espantoso despotismo. despotismo permanente.

Los desórdenes y miserias que resultan gradualmente inclinan la mente de los hombres a buscar seguridad y reposo en el poder absoluto de un individuo; y tarde o temprano el jefe de alguna facción predominante, más capaz o más afortunada que sus competidores, convierte esta disposición a los propósitos de su propia elevación sobre las ruinas de la libertad pública." Discurso de despedida *del presidente George Washington.*

"Aquí estamos, esclavos hoy. La tierra que le diste a nuestros padres era para comer su fruto y su bondad. He aquí, nos hemos convertido en esclavos ... su abundante producto pertenece a los reyes que has puesto sobre nosotros debido a nuestros pecados. Tienen el control". **[Nehemías 9: 36-37]**. Nehemías escribió sobre la tierra prometida bíblica. America siempre ha sido vista como un tipo de tierra prometida desde los primeros colonos hasta la mayor parte del siglo XX. Hoy en día, los políticos progresistas / socialistas están convirtiendo rápidamente en esclavos virtuales al pueblo estadounidense.

"Los reyes de la tierra (políticos progresistas / socialistas) se ponen en pie, y los gobernantes se juntan en consejo contra el Señor y contra su ungido, diciendo: "Rompamos sus ataduras y echemos de nosotros sus cuerdas." **[Salmo 2:23]**

"El que se sienta en los cielos se ríe; el Señor los ridiculiza ... Ahora bien, reyes(políticos progresistas / socialistas), sean amonestados, jueces de la tierra. Servid al Señor con temor; ¡tiembla de miedo! Besa al Hijo para que no se enoje y perezcas en el camino, porque su ira se enciende en un relámpago." **[Salmo 2: 10-12a]**.

"...el pagano(gobierno) entró en su santuario a quien tú mandaste que no entraran en tu congregación". **[Lamentaciones 1:10 RV]** En continuas y flagrantes violaciones de la Primera Enmienda a la Constitución de los Estados Unidos, la libertad de religión, el gobierno federal ha invadido tres de los santuarios más sagrados:

• *Santuario de la familia*: Efectivamente, la definición de la familia se ha diluida para incluir prácticamente cualquier combinación de personas que viven juntas. El matrimonio no es necesario. Como se indicó en otra parte, los niños han sido virtualmente separados de sus padres por un sistema de escuelas públicas "profesional" que ahora coloca el adoctrinamiento liberal / progresista / humanista / socialista / marxista / globalista por delante de la educación real. Los ejemplos de "abuso familiar" por parte del gobierno son innumerables.

- *Santuario del útero*: Desde *Roe v. Wade* (1973), el aborto pasó de ser "seguro, legal y poco común" al aborto en cualquier momento, por prácticamente cualquier motivo, a menudo pagado por el gobierno. Las estimaciones varían, pero una común es de 62 millones, desde 1973.

- *Santuario de la Iglesia*: COVID-19 se ha convertido en la excusa para cerrar iglesias. Cada vez más, las leyes contra la discriminación están anulando la libertad de religión en la Primera Enmienda. Los ejemplos son malvados y demasiado numerosos para resumirlos. A menudo se argumenta que las leyes contra la discriminación reemplazan la libertad de religión constitucional.

El socialismo de la tierra quemada de Estados Unidos

Los documentos fundacionales de los Estados Unidos fueron escritos para ajustarse a los mandatos bíblicos tan fielmente como los escritores humanos pudieron hacerlo. En consecuencia, la mayoría de las desviaciones de los documentos originales y la intención original de los autores alejan a la cultura estadounidense de Dios. El socialismo es un abandono casi completo de los principios que fueron bendecidos por Dios durante casi 400 años y que hicieron de Estados Unidos la envidia del mundo.

Muchos líderes gubernamentales continúan teniendo una historia de amor con el socialismo, a pesar de su historial de fracasos extremos y abyectos cada vez que se ha intentado. Considere los fracasos masivos de todas las dictaduras del siglo XX y los fracasos contemporáneos de Cuba, Venezuela y otros. Aunque los socialistas modernos señalan a ciertos países escandinavos y del norte de Europa como "modelos" socialistas, también fracasan incluso bajo un escrutinio modesto, porque en realidad no son socialistas. Sin embargo, muchos votantes siguen la corriente para obtener lo que creen que son "cosas gratis". Sin embargo, el anzuelo siempre está en el señuelo.

Hoy en día, una forma de socialismo de tierra arrasada está marchando a través de Estados Unidos como la marcha de la Guerra Civil del mayor general **William T. Sherman** a través de Georgia. ¿Por qué?

La historia proporciona conocimientos reveladores para la América moderna. El pueblo del antiguo Israel fue llevado cautivo por los asirios; el pueblo de la antigua Judá fue llevado cautivo por los babilonios. El Señor dijo que ambos pueblos se habían vuelto rebeldes y "tercos", lo que justificaba un juicio severo.

Hoy en día, el pueblo estadounidense se ha vuelto en gran medida rebelde y obstinado hacia Dios. Como tal, Estados Unidos está siendo arrastrado al cautiverio del socialismo. De nuevo, ¿por qué?

> "No existe el socialismo 'seguro'. Si es seguro, no es socialismo. Y si es socialismo, no es seguro. Las señales del socialismo apuntan cuesta abajo a menos libertad, menos prosperidad, cuesta abajo a más confusión, más fracaso. Si los seguimos a su destino, llevarán a esta nación a la bancarrota".
> **Margaret Thatcher,** Primer ministro británico

Los juicios del Señor son verdaderos y justos en conjunto

Considere un patrón de juicio apasionante. Aproximadamente 620.000 vidas se perdieron en la Guerra Civil estadounidense. Hasta la Guerra de Vietnam, las pérdidas de la Guerra Civil fueron mayores que todas las demás guerras estadounidenses combinadas. En su segundo discurso inaugural, el presidente Abraham Lincoln especuló que las enormes pérdidas pueden haber sido una cuestión de equidad de sangre. Esto es lo que dijo:

> Ambos (lados) leen la misma Biblia y oran al mismo Dios; y cada uno invoca Su ayuda contra el otro… Las oraciones de ambos no pudieron ser contestadas; la de ninguno ha sido completamente contestada. El Todopoderoso tiene sus propios propósitos. "¡Ay del mundo por los tropiezos! Porque es necesario que vengan tropiezos; pero ¡ay de aquel hombre por quien viene el tropiezo!" [*Mateo 18: 7 RV*]

Si suponemos que la esclavitud estadounidense es una de esas ofensas que, en la providencia de Dios, deben venir, pero que, habiendo continuado durante el tiempo señalado, ahora desea eliminar, y que da tanto al norte como al sur, Esta terrible guerra, como la aflicción debida a aquellos por quienes vino la ofensa, ¿discerniremos en ella alguna desviación de esos atributos divinos que los creyentes en un Dios vivo siempre le atribuyen?

Esperamos con cariño, oramos fervientemente, que este poderoso flagelo de la guerra pase pronto. Sin embargo, si Dios quiere que continúe, hasta que toda la riqueza acumulada por los doscientos cincuenta años de trabajo no correspondido del siervo se hunda, y hasta que cada gota de sangre extraída con el látigo, sea pagada por otro extraído con el látigo. espada, como se dijo hace tres mil años, por lo que aún debe decirse "los juicios del Señor, son verdaderos y justos en conjunto" [*Salmo 19: 9 KJV*] [*Presidente Abraham Lincoln*, Segundo discurso inaugural (1865) énfasis y énfasis bíblico citas agregadas]

"Sin embargo, si Dios quiere ..." Lincoln no afirmó su declaración retórica como la voluntad de Dios; lo dejó en manos del oyente. Lincoln, sin embargo, nos asegura que la proclamación bíblica, "los juicios del Señor, son verdaderos y justos" debe ser nuestra directiva infalible.

Compare los comentarios de Lincoln sobre la Guerra Civil con otra situación 80 años después. El holocausto de la Segunda Guerra Mundial se cobró la vida de unos seis millones de judíos. ¿Cuántos alemanes perdieron la vida? ¡Cerca de seis millones! ¿Fue ese el juicio equitativo de Dios? Tú decides.

Siga el rastro hacia una tercera comparación. Desde que la Corte Suprema de los Estados Unidos dictó la terrible decisión de Roe v. Wade, el 22 de enero de 1973, ha habido un holocausto de 65-75 millones de bebés, asesinados por abortos, según

"De todas las tiranías, una tiranía (como el socialismo) ejercida sinceramente por el bien de sus víctimas puede ser la más opresiva ... los que nos atormentan por nuestro propio bien nos atormentarán sin fin porque lo hacen con la aprobación de su propia conciencia ... En realidad, sin embargo, debemos enfrentar la posibilidad de malos gobernantes armados con una teoría humanitaria del castigo ... Sabemos que una escuela de psicología ya considera la religión como una neurosis. Cuando esta neurosis en particular se vuelve inconveniente para el gobierno, ¿qué impedirá que el gobierno proceda a"curarla"? Tal"cura" será, por supuesto, obligatoria; pero bajo la teoría humanitaria no se le llamará con el escandaloso nombre de persecución".
C. S. Lewis, Dios en el muelle.

la fuente. Muchos líderes han especulado que el Señor no puede dar la espalda por mucho tiempo a semejante horror. ¿Podría ser que el caos actual de hoy y el cautiverio del socialismo que se acerca rápidamente es el amor duro del Señor por la culpa del holocausto del aborto, los pecados del materialismo excesivo y el abandono de Dios por muchos otros ídolos falsos?

Recuerde que cualquier movimiento para aumentar el tamaño del gobierno es un voto a favor del socialismo y en contra de la libertad y todos los grandes principios subyacentes que han hecho grande a Estados Unidos durante casi cuatro siglos. Es probable que la mudanza se aleje de los documentos fundacionales y se aleje de Dios. El cambio fundamental de gobierno puede ocurrir a una velocidad asombrosa.

Barack Obama fue uno de los primeros en utilizar la frase "transformación fundamental" en relación con el gobierno de los Estados Unidos. La frase se refiere a un cambio de imagen radical del gobierno estadounidense en el molde socialista. En los últimos años, esa frase se está utilizando con una frecuencia cada vez mayor.

En un mensaje de aliento desde lejos coronado con una poderosa advertencia, considere la predicación *del reverendo George Duffield*, capellán del ejército, durante la Guerra Revolucionaria. Su predicación inspiradora y enérgica era bien conocida por los Fundadores. En un mensaje a varias compañías de la milicia de Pensilvania y miembros del Congreso, Duffield pronunció una apasionada súplica de independencia cuatro meses antes de la Declaración de Independencia.

"Él (Duffield) declaró que el Cielo diseñó este mundo occidental como el asilo de la libertad, y que para izar su bandera aquí, sus antepasados habían roto los lazos más queridos del hogar, los amigos y la tierra natal, y desafiado las tempestades del océano y los terrores del desierto ... Él (Dios) preservó a los judíos sus ciudades de refugio, y mientras el sol y la luna permanezcan, América seguirá siendo una ciudad de refugio para toda la tierra, hasta que ella misma haga de tirano, olvide su destino, deshonre su libertad y provocar a su Dios. Cuando llegue ese día, si es que llega, entonces, y no hasta entonces, ella también caerá, muerta con los que descienden a la fosa. (Referencia a varios versículos bíblicos)

A mediados del siglo XIX, el bisnieto del reverendo George Duffield, **George Duffield V**, escribió el conocido himno "Stat for Cristo firmes". Hoy, la urgencia de defender a Jesús es mayor que nunca.

La América moderna está plagada de una gran cantidad de ídolos falsos. Uno de los más insidiosos es el materialismo excesivo, que viola los Diez Mandamientos y alimenta a todos los demás ídolos falsos.

"PARA DESTRUIRNOS, POR LO TANTO ... NUESTROS ENEMIGOS PRIMERO DEBEN ... SEDUCIRNOS DE LA CASA DE DIOS".
Timothy Dwight, Presidente de la Universidad de Yale y nieto de Jonathan Edwards, quien lanzó el Gran Despertar antes de la Guerra Revolucionaria.

CAPITULO CINCO

VIOLA EL MATERIALISMO EXCESIVO LOS DIEZ GRANDES Y PRECIOSOS MANDAMIENTOS DE DIOS

[Éxodo 20: 2-17]

―――――― ≈ ――――――

"Porque el amor al dinero es la raíz de todos los males; el cual codiciando algunos, se extraviaron de la fe y fueron traspasados de muchos dolores". [*1 Timoteo 6:10 RV*]

*D*urante cientos de años, Estados Unidos ha estado dominado por fuertes ideales. Entre ellos se encuentran una fuerte **ética** de trabajo, el deseo de lograr y el derecho a disfrutar del fruto del trabajo de uno. Ese fruto es un regalo de Dios. *"... puedes decir en tu corazón: 'Mi poder y la fuerza de mi mano me hicieron esta riqueza'. Pero acuérdate del Señor tu Dios, porque él es quien te da poder para hacer riquezas, a fin de confirmar el pacto que juró a tus padres, como en este día."* [*Deuteronomio 8: 17-18 NASB*]

Es realmente delicioso disfrutar de los resultados obtenidos honestamente del trabajo personal. Sin embargo, la preocupación por la acumulación de cosas materiales, mientras sacrifica otras consideraciones importantes de la vida, se llama materialismo.

En comparación con la mayoría de las personas en todo el mundo, los estadounidenses disfrutan de una abundante prosperidad. Sin embargo, la prosperidad en sí misma está matando a nuestra cultura, porque la prosperidad distrae de Dios. Sin sus abundantes gracias, nadie puede tener abundante prosperidad. Pablo escribió: "Yo sé abundar". [*Filipenses 4:12*] Es una lección divina saber cómo estar lleno. Es imposible aprender y retener esa lección sin Dios.

Dios traza una línea particularmente seria con respecto al materialismo excesivo. *"Porque el amor al dinero es la raíz de todos los males; el cual codiciando algunos, se extraviaron de la fe y fueron traspasados de muchos Dolores."* [*1 Timoteo 6:10 RV*] Los ideales que han alentado el materialismo ilimitado deben integrarse con muchos otros ideales y restringirse por los límites bíblicos infinitamente sabios de Dios.

Lamentablemente, durante la mayor parte del siglo pasado, el pueblo estadounidense se ha anestesiado en gran medida por una devoción excesiva al materialismo. Muchos, incluidos los creyentes cristianos, buscan metas materialistas como la máxima prioridad en la vida, excluyendo casi todo lo demás. Se ha convertido en el dios falso del materialismo. La persona que regularmente dedica 60, 70 u 80 horas a la semana a un trabajo espera aplausos por su diligencia, pero debe ser criticada por descuidar a Dios y a la familia. ¿**Tiene** deudas de tarjetas de crédito que no puede pagar en su totalidad cada mes? Si es así, es culpable de un materialismo excesivo. ¡**Cuidado**! "… Su plata y su oro no podrán librarlos en el día de la ira del Señor: no saciarán su alma ni llenarán sus entrañas; porque es el tropiezo de su iniquidad." [*Ezequiel 7:19 RV*]

¿**Le** da más prioridad a la carrera que a la familia? Si es así, te dedicas al materialismo excesivo. Si de manera instintiva niega la prioridad más alta de la carrera, pregúntese si dedica más tiempo cada semana a la carrera o la familia. Pasamos nuestro tiempo en o con lo que amamos. Si USTED está dedicando más tiempo a su carrera, ese es su primer amor y, al menos, está tácitamente dedicado al materialismo excesivo, aunque en realidad no lo admite. Su familia pagará un precio terrible, especialmente en la cultura en decadencia de hoy.

El punto de vista de Dios sobre el materialismo excesivo es muy duro; Tal punto de vista viola los diez grandes mandamientos.. [**Éxodo** *20: 2-17*] Cualquier otra distracción excesiva de la vida, como deportes, entretenimiento, tecnología, sexo, juegos de azar, abortos, celebridades o incluso la ciencia, también puede convertirse en un **ídolo** falso ilustrado de la misma manera. El materialismo excesivo se usa aquí porque es objetivo, omnipresente y los efectos son particularmente claros. El dinero del materialismo excesivo alimenta a todos los demás **ídolos** falsos, que a su vez alimentan, y en muchos casos parecen recompensar, el pecado.

El más abominable de todos los falsos **ídolos** es el yo. Los filósofos lo llaman Humanismo, donde cada individuo se convierte en su propio dios.

Lamentablemente, hoy en día muchos creyentes descartan los Diez Mandamientos como algo del Antiguo Testamento. Alternativamente, algunos insisten en que cumplir con los Diez Mandamientos el 100% del tiempo es imposible. Por supuesto que lo es, pero esa no es razón para no hacer nuestro mejor esfuerzo para cumplir con las instrucciones primarias de Dios como una expresión de nuestro amor por Dios. Cuando nos quedamos cortos, la gracia de Dios cubre la brecha. Por supuesto, para hacer nuestro mejor esfuerzo, debemos conocer y poder recitar cada mandamiento. Si no podemos ver o definir el objetivo, lo perderemos cada vez.

El plan general de redención de Dios se extiende desde el libro del Génesis hasta el Apocalipsis. Considere el contexto de que la Biblia es el escrito inspirado por Dios de los profetas y muchos otros cuidadosamente seleccionados. Sin embargo, los Diez Mandamientos vinieron directamente de la boca de Dios mismo. Además, cada mandamiento tiene un opuesto implícito. Por ejemplo, cuando Dios dice: "Honra a tu padre ya tu madre", lo contrario implícito es "No hagas nada que pueda deshonrar a tu padre y a tu madre". Cuando Dios dice: "No matarás", lo contrario implícito es "Harás todo lo posible para proteger la vida creada por Dios".

Finalmente, la gente tiende a leer los Diez Mandamientos desde su propio punto de vista. En contraste, gran parte del Sermón del Monte es Jesús enseñando los Diez Mandamientos desde el punto de vista de Dios. Por eso el Sermón del monte parece tan exigente. Por ejemplo, "... no matarás ... Pero yo (Jesús) digo ... el que se enoje con su hermano sin causa correrá peligro de juicio ..." y "... No cometerás adulterio ... Pero yo (Jesús) digo ... cualquiera que mira a una mujer para codiciarla, ya adulteró con ella en su corazón". Recuerde, cuando quebranta uno de los Diez Mandamientos, Jesús está mirando por encima de su hombro. Aunque Su gracia cubrirá la brecha entre su violación y la perfecta obediencia, tenemos la obligación de hacer lo mejor que podamos. Todo lo que constituya lo mejor de usted debe mejorar con el tiempo y la madurez espiritual.

Antes de seguir leyendo, la dirección firme, inalterable, no negociable, inmediata y urgente de Dios es la orden de Cristo desde la sede central: "Si TÚ me amas, guardarás mis mandamientos". [*Juan 14:15 ESV*]

I. Yo soy el SEÑOR tu Dios ...
NO TENDRÁS DIOSES AJENOS DELANTE DE MÍ.

*Materialismo excesivo*se convierte en un dios hambriento que nunca podrá ser satisfecho por mucho esfuerzo que se haga o por mucho tiempo que se dedique. El falso dios del materialismo rápidamente se vuelve adictivo, dañando seriamente todas las demás áreas de la vida. La euforia a corto plazo se convierte en dolor a largo plazo. Pregúntele a cualquier celebridad que haya estado en "rehabilitación".

II. NO TE HARÁS UNA IMAGEN TALLADA... NO TE INCLINARÁS ANTE ELLOS NI LES SERVIRÁS. PORQUE YO, EL SEÑOR TU DIOS, SOY UN DIOS CELOSO, QUE VISITO LA INIQUIDAD DE LOS PADRES SOBRE LOS HIJOS HASTA LA TERCERA Y CUARTA GENERACIÓN DE LOS QUE ME ABORRECEN, PERO TENGO MISERICORDIA DE MILES, DE LOS QUE ME AMAN Y GUARDAN MIS MANDAMIENTOS..

Bolsa de Valores Nueva York

La estatua de un toro fuera de la Bolsa de Valores de Nueva York (NYSE) se asemeja al becerro moldeado adorado por los antiguos israelitas en la base del monte Sinaí, luego de su famoso éxodo de Egipto. Tenga en cuenta que la imagen de la derecha es una réplica moderna de la estatua bíblica. Se desconoce la apariencia exacta de la estatua. Éxodo *32: 8* [*NASB 1995*] dice: "Rápidamente se han desviado del camino que les ordené. Se han hecho un becerro de fundición, y lo han adorado, y le han ofrecido sacrificios, y han dicho: 'Este es tu dios, oh Israel, que te ha sacado de la tierra de Egipto'".

Becerro de Oro en el Monte de Sinaì (règlica)

La estatua del toro NYSE es una imagen clara del ídolo del materialismo. Las personas se inclinan tácitamente ante el ídolo cada vez que se comprometen con el materialismo excesivo o lo persiguen. Los informes actualizados del mercado de valores se transmiten con frecuencia a través de los medios de comunicación para recordarle a la gente su compromiso con el ídolo, ya sea que un individuo tenga o no una inversión personal en el mercado.

La mayoría de las empresas proporcionan a sus empleados un plan 401k y / o acciones de su propia empresa. Ambos están vinculados al desempeño e informes del mercado de valores, lo que atrae aún más a otros que de otra manera no tendrían un interés personal en el mercado de valores.

El ídolo del toro es alimentado (adorado) continuamente por inmersión en la cultura estadounidense. Los recordatorios, los estímulos y los señuelos están en todas partes. Considere la publicidad omnipresente y convincente, tangible e intangible, las recompensas de un supervisor en el trabajo y los elogios de amigos y familiares cuando se les muestra un automóvil nuevo o una casa nueva o incluso un nuevo atuendo de ropa. Solo una fe firme en Dios y un esfuerzo consciente y deliberado pueden permitir escapar de la trampa materialista.

III. NO TOMARÁS EL NOMBRE DEL SEÑOR TU DIOS EN VANO (BLASFEMIA).

Las presiones del materialismo son muy grandes. El materialismo excesivo provoca ansiedades excesivas. Cuando las frustraciones exceden un límite personal, pocos pueden resistir la tentación de, al menos ocasionalmente, soltar un improperio relacionado con el nombre de Dios. El improperio de a menudo se adjunta al humor para cubrir la culpa que subyace al pecado. "Me salí con un pequeño pecado". ¿Poco? ¿En serio?

IV. Acuérdate del día de reposo para santificarlo. Seis días trabajarás y harás todo tu trabajo, pero el séptimo día es el día de reposo del Señor tu Dios. En ella no harás ningún trabajo.

Los judíos observan el séptimo día de reposo, el sábado; Los cristianos observan el primer día de reposo, el domingo. Las diferencias quedan para otra discusión. Independientemente del día elegido, el sábado es un día ordenado por Dios, caracterizado por el descanso y las actividades piadosas, incluida la adoración. Reconoce y da gracias por todo lo que Dios ha hecho por nosotros y proporciona un descanso físico regenerador para el cuerpo.

A lo largo de la mayor parte de los 400 años de historia estadounidense, desde los primeros asentamientos hasta las últimas décadas, todo el trabajo, excepto el más esencial, cesó los domingos. La cesación creó una oportunidad casi universal, tanto para los creyentes como para los incrédulos, de disfrutar el sábado y proporcionó un recordatorio visible del propósito del sábado.

Las presiones del materialismo excesivo dieron como resultado la derogación de la mayoría de las "leyes azules" dominicales que contribuyeron a profanar el sábado, un debilitamiento generalizado de la fe y un alejamiento acelerado de la cultura estadounidense de Dios. Lamentablemente, la mayoría de las empresas operan hoy los domingos como cualquier otro día de la semana.

V. Honra a tu padre y a tu madre, que tus días sean largos sobre la tierra que el Señor tu Dios te da.

Dios diseñó a la familia como la unidad esencial de la sociedad. Una familia fuerte y una cultura de familias fuertes es la ÚNICA manera de asegurar que las virtudes, valores, principios y una cultura nacional estable se puedan transmitir de generación en generación y a la posteridad.

LA ESTABILIDAD DE ESTADOS UNIDOS DEPENDE ABSOLUTAMENTE DE FAMILIAS FUERTES.

La familia diseñada por Dios debe estar lo suficientemente cerca física / geográficamente como para compartir el amor, las responsabilidades y la responsabilidad mutua, todos los cuales son vitales para el crecimiento y la madurez del carácter. Sin embargo, las presiones implacables del materialismo excesivo han llevado a muchas personas a buscar empleo lejos de sus familias, debilitando o rompiendo importantes relaciones familiares, reduciendo el amor a atracciones baratas y evitando una importante fuente de responsabilidad personal. Incluso se alienta a las personas mayores jubiladas a trasladarse a un clima más cálido o seco, privando a sus familias de vidas de sabiduría acumulada.

El divorcio desenfrenado deshonra a los padres de la pareja que se divorcia, porque el divorcio destruye toda la sabiduría de los padres sobre el matrimonio y la familia enseñada por los padres. El divorcio también establece un ejemplo trágico para los hijos de la pareja que se divorcia, garantizando virtualmente el divorcio en las generaciones futuras.

"Honra a tu padre ya tu madre" se extiende a honrar a TODOS los miembros de la familia, amarlos y satisfacer sus necesidades primero, luego satisfacer las necesidades de los demás después de cuidar a la familia. Dios promete una larga vida a quienes lo hagan. Sin embargo, la familia esparcida por un materialismo excesivo corre el riesgo de sufrir ansiedades "adicionales", que contribuyen a por lo menos 25 enfermedades relacionadas con la salud que pueden reducir efectivamente la longevidad, prometida de otra manera por Dios.

VI. NO MATARÁS.

Materialismo excesivo ha causado o contribuido al asesinato (aborto) de millones de bebés por nacer que se percibía que interferían con una carrera aparentemente prometedora. El materialismo excesivo también ha sido el motivo del asesinato de adultos por la misma razón.

VII. NO COMETERÁS ADULTERIO.

Cuando el materialismo excesivo se convierte en dios, es adulterio espiritual, porque reemplaza la comunión con el Dios real.

Materialismo excesivo También provoca muchas semanas de trabajo excesivamente largas (50-70 horas por semana), lo que hace que los empleados pasen mucho más tiempo con empleados del sexo opuesto que con sus cónyuges, especialmente fuera del horario laboral y en situaciones de viaje. La frecuencia del adulterio físico se dispara con el tiempo disponible y la frecuencia de las oportunidades de privacidad (secreto percibido).

VIII. NO ROBARÁS.

Materialismo excesivo crea un incentivo para tomar atajos moral, ética y legalmente. Cualquier ganancia material más allá del gasto acordado para otros, que resulte de tomar atajos, les roba.

Por ejemplo, cualquier contrato comercial debe ser beneficioso para todos, lo que significa que debe haber beneficios iguales para ambas partes. Si una de las partes puede tomar una ventaja irrazonable de otra debido a información superior o interna, creando un contrato en el que todos ganan, la parte "ganadora" está robando a la otra parte.

IX. NO DARÁS FALSO TESTIMONIO CONTRA TU VECINO.

Dar un testimonio falso incluye comunicar o difundir información falsa (mentir) sobre otra persona formalmente en una sala del tribunal o menos formalmente en los negocios, la familia u otros entornos de la vida.

Materialismo excesivo crea un motivo para difamar o simplemente socavar la reputación de otros para beneficio personal, como un aumento de sueldo, un ascenso, una asignación deseable o un contrato unilateral. La mentira, el patrón de mentiras o simplemente el patrón de prejuicios dañan seriamente la vida, la reputación y el poder adquisitivo de los demás. Por el contrario, estamos obligados a defender la verdad sobre los demás, incluso si hay un costo personal para nosotros.

Dios condena con vehemencia el falso testimonio. "Estas ... cosas que el SEÑOR aborrece, sí ... le son abominación ... el testigo falso que habla mentiras y el que siembra discordia entre los hermanos. [*Proverbios 6: 16-19*]

X. NO CODICIARÁS LOS BIENES DE TU PRÓJIMO

Codiciar los bienes ajenos es la raíz del materialismo excesivo. Una vieja frase trillada, "mantenerse al día con los Jones" (amigos, vecinos, compañeros de trabajo) captura el incentivo para una acumulación irrazonable de bienes materiales, más allá de la asequibilidad del sentido común. Los bienes también alimentan el orgullo que Dios condena con dureza. "El impío en su soberbia persigue al pobre;

que sean atrapados en los complots que han ideado. Porque el impío se jacta del deseo de su corazón. Bendice al codicioso [codicioso] y renuncia al SEÑOR." [*Salmo 10: 2-2 NKJV*]

"Si me amas, guardarás mis mandamientos." [*Juan 14:15 ESV*] Aunque no podemos cumplir todos los mandamientos a la perfección, podemos guardarlos sustancialmente: 1) Cuando incluimos cada mandamiento como parte de nuestra conciencia, y aunque no cumplimos con todos los deberes, no nos atrevemos a descuidar ninguno. . 2) Cuando es nuestro deseo guardar cada mandamiento, lo que nos falta en fuerzas, lo compensamos con voluntad. 3) Cuando nos lamentamos porque no podemos hacerlo mejor y lloramos cuando fallamos. 4) Cuando nos esforzamos por obedecer cada mandamiento presionando hacia la marca (*Filipenses 3:14*). 5) Cuando nos quedamos cortos, buscamos la sangre de Cristo para rociar nuestra obediencia imperfecta. Los mandamientos de Dios están endulzados con gozo y paz. Él da los mandamientos para nuestro bien, como expresión de su gran amor. Debemos obedecerle con gozo y entusiasmo, porque sabemos que la obediencia es para nuestro bien.

El gobierno simplemente intenta manejar el materialismo excesivo en gran parte sin darse cuenta de los efectos devastadores intelectuales, emocionales y espirituales. El materialismo excesivo se hace pasar eufemísticamente como "El sueño americano".

Dado que gran parte de la cultura estadounidense se aleja precipitadamente de Dios, el gobierno mismo es el responsable del abandono definitivo de los Diez Mandamientos. A partir de la década de 1970, el gobierno prohibió progresivamente la exhibición de los Diez Mandamientos en lugares públicos. Como Estados Unidos tiene una forma representativa de gobierno, la prohibición se ha convertido en la forma en que Estados Unidos agita su puño colectivo ante Dios.

El resultado práctico es la violación progresiva de prácticamente las diez declaraciones de derechos de la constitución. El pueblo estadounidense nunca habría tolerado el destierro progresivo de la Declaración de Derechos civiles, si no hubiera abandonado primero, al menos tácitamente, los Diez Mandamientos Bíblicos.

El compromiso político siempre sigue al compromiso espiritual.

CAPITULO SEIS

EL SOCIALISMO O CUALQUIER GOBIERNO EXCESIVO VIOLA PRÁCTICAMENTE LOS DIEZ DE LA DECLARACIÓN DE DERECHOS

"El impío en su soberbia persigue al pobre; que sean atrapados en los complots que han ideado. Porque el impío se jacta del deseo de su corazón. Bendice al codicioso [codicioso] y renuncia al SEÑOR." [*Salmo 10: 2-2 NKJV*]

*U*n gobierno excesivo abandona el propósito original. Facilita y acelera la glorificación de la "sabiduría" del hombre, seguida de una condena tácita y luego agresiva de la sabiduría de Dios. El gobierno excesivo solo puede suceder en la medida en que se violen los Diez Mandamientos. En resumen, la gente debe ser apartada o tentada de los Diez Mandamientos antes de aceptar los abusos del gobierno de las libertades que Dios les dio y el compromiso unilateral de prácticamente las diez enmiendas constitucionales conocidas como la Declaración de Derechos.

Después del Gran Despertar [espiritual] y durante el período previo a la Guerra de la Independencia (Guerra de la Independencia), la gente, a menudo confiando en los púlpitos de la época, debatió acaloradamente la sabiduría espiritual de desobedecer a un gobierno para proclamar la independencia y formar un nuevo gobierno. gobierno separado. *Romanos 13: 1-2* parecía excluir tal acción.

La opinión opuesta y, en última instancia, prevaleciente fue que uno de los mayores dones de Dios, además de la salvación personal, es el asombroso regalo de la libertad. Adán y Eva disfrutaron de la máxima libertad en el Jardín del Edén, antes de la caída. Posteriormente, el orgullo hizo que los individuos y grupos de todo el mundo compitieran sin descanso y acumularan poder, lo que restringió o eliminó la libertad de los demás. Como tal, la mayoría de los gobiernos, a lo largo de la historia registrada, fueron el resultado de un grupo que dominó por la fuerza a todos los demás dentro de una región geográfica en particular.

Los colonos, reconociendo la libertad como un regalo de alta prioridad de Dios, desarrollaron el grito de guerra: "La resistencia a la tiranía es obediencia a Dios", porque la resistencia busca preservar o restaurar el precioso regalo de Dios. La idea de que la libertad es un regalo de Dios ha persistido hasta hoy; ha sido expresado y reforzado por muchos clérigos y aquellos en la arena pública altamente visible. Otro grito de batalla de apoyo a la Revolución que se escuchó a lo largo y ancho de la costa este fue: "¡Ningún rey sino el rey Jesús!"

Los gobiernos solo pueden restringir o quitar la libertad exigiendo o prohibiendo diversas acciones ciudadanas y utilizando la fuerza bruta del gobierno para hacer cumplir todas y cada una de las nuevas leyes. Los firmantes de la Declaración sabían que solo Dios puede preservar la libertad persistente a largo plazo en una cultura dominada por personas de carácter fuerte, que temen a Dios y se guían por valores y virtudes piadosas. Son las únicas personas que voluntariamente limitarán su comportamiento en beneficio de los demás. En consecuencia, la Declaración de Independencia codifica los derechos de todos los hombres y el propósito del gobierno [énfasis agregado]:

Sostenemos que estas verdades son evidentes por sí mismos que todos los hombres son creados iguales, que están dotados por su Creador de ciertos Derechos inalienables, que entre ellos están la Vida, la Libertad y la búsqueda de la Felicidad. del consentimiento de los gobernados ... (Nota: Los escritos contemporáneos a la Declaración a menudo se refieren a "la vida, la libertad y la propiedad. Por lo tanto, el único propósito del gobierno es proteger los derechos otorgados por el Creador).

Al final de la Declaración de Independencia, los firmantes aclararon y documentaron la fuente de su inspiración:

... apelando al Juez Supremo del mundo por la rectitud de nuestras intenciones [rectitud de principio o práctica; conformidad exacta con la verdad, o con las reglas prescritas para la conducta moral ... (American Dictionary of the English Language, Noah Webster, 1828)], en el Nombre y por la Autoridad de la Buena Gente de estas Colonias, publique y declare solemnemente , Que estas Colonias Unidas son, y de derecho deben ser Estados Libres e Independientes (Nota: Porque sus derechos divinos han sido violados repetidamente por Inglaterra) ... Y por el apoyo de esta Declaración, con una firme confianza en la protección de divina Providencia, nos comprometemos mutuamente nuestras Vidas, nuestras Fortunas y nuestro sagrado Honor. (Nota: Declararon estar dispuestos a correr el máximo riesgo física, emocional y espiritualmente. De hecho, muchos de los firmantes y sus familias sufrieron mucho durante y después de la guerra).

Posteriormente, la carta o Declaración fue complementada por la Constitución de los Estados Unidos de América. Los principios cristianos proclamados e incrustados en la Declaración se convirtieron en la base de la estructura de la Constitución. Como tal, los documentos fundacionales deben leerse juntos como si fueran un solo documento. Su propósito primordial era proteger el glorioso regalo de la libertad de Dios.

Tras la redacción de la Constitución, muchos líderes prominentes temieron seriamente la extralimitación de un futuro gobierno federal dominante. Temían genuina y profundamente que el gobierno federal emergente no estuviera en una caja constitucional lo suficientemente ajustada como para evitar la erosión grave de las libertades dadas por Dios que la Constitución estaba diseñada para proteger.

Las preocupaciones de los "antifederalistas" eran tan grandes que el Congreso aprobó inmediatamente las primeras diez enmiendas a la Constitución llamadas "La Declaración de Derechos." *Thomas Jefferson* y *James Madison* estaban muy preocupados de que un poder judicial federal fuera de control pudiera algún día abandonar su mayor responsabilidad, es decir, la responsabilidad de proteger la Constitución como el ancla del gobierno estadounidense.

Las preocupaciones de Jefferson y Madison eran reales y válidas. Desde su día, muchos jueces activistas, con mandato vitalicio, han alejado gradualmente al gobierno de los Estados Unidos — y por lo tanto a la cultura de los Estados Unidos — peligrosamente lejos de la Constitución. Por ejemplo, el socialismo o la acumulación de acciones gubernamentales excesivas anteriores viola prácticamente las diez enmiendas de la Declaración de Derechos. De hecho, TODAS las libertades básicas están siendo negadas progresivamente por los jueces o legisladas a medida que la Constitución se ignora cada vez más, con cada vez menos responsabilidad, cada año que pasa.

ENMIENDA I

CONGRESO NO HARÁ NINGUNA LEY RESPETAR EL ESTABLECIMIENTO DE UNA RELIGIÓN O PROHIBIR SU LIBRE EJERCICIO; O RESTRINGIR LA LIBERTAD DE EXPRESIÓN O DE PRENSA, O EL DERECHO DEL PUEBLO A REUNIRSE PACÍFICAMENTE Y SOLICITAR AL GOBIERNO LA REPARACIÓN DE AGRAVIOS.

Gobierno excesivo viola los cuatro elementos de la Primera Enmienda.

Libertad de religión está en grave declive por varias razones, 1) Los progresistas / socialistas afirman que la lucha contra la discriminación es una prioridad más alta que la libertad religiosa, por lo que anula cada vez más la garantía constitucional de la libertad religiosa. 2) COVID-19 se ha convertido en un vehículo para permitir una persecución sin precedentes de las iglesias. Por ejemplo, se ha permitido que los bares y clubes de striptease permanezcan abiertos mientras el gobierno cierra las iglesias por la fuerza. 3) Hay una animosidad creciente hacia los cristianos a medida que la cultura en general se aleja de Dios.

Libertad de expresión ha sido en gran parte acorralado por la corrección política, que se ha transformado en el "despertar" y la cultura de la cancelación. La libertad de expresión está cada vez más restringida por las empresas de medios sociales, la educación superior, una lista cada vez mayor de empresas del sector privado y el alejamiento cultural de las libertades básicas que históricamente definieron a Estados Unidos. Incluso el gobierno está prohibiendo ciertas formas de expresión, aparentemente sin ninguna responsabilidad.

Libertad de prensa Una vez fue proclamado por *Thomas Jefferson* como el mayor garante de todas las demás libertades. Sin embargo, la prensa ha sido cooptada por el movimiento progresista / humanista / socialista / marxista / globalista de la izquierda radical. La prensa tradicional "dominante" ha abandonado en gran medida cualquier pretexto de objetividad y se ha convertido en una poderosa defensora de la marcha hacia el socialismo.

Libertad de reunión y derecho a presentar peticiones al gobierno se niegan cada vez más. El primero se niega en nombre de la seguridad o protección contra COVD-19; el segundo, simplemente se ignora.

ENMIENDA II
UNA MILICIA BIEN REGULADA, SIENDO NECESARIA PARA LA SEGURIDAD DE UN ESTADO LIBRE, NO SE VIOLARÁ EL DERECHO DEL PUEBLO A POSEER Y PORTAR ARMAS.

Gobierno excesivo ha infringido cada vez más la Segunda Enmienda mediante incansables llamamientos a leyes de control de armas, que tienden a ser posteriormente respaldadas por los tribunales. En realidad, la única forma en que se pueden limitar las armas es mediante el riguroso proceso de enmienda de la Constitución. Para ser adoptada, tal enmienda tendría que ser apoyada por la gente como pretendían los Fundadores. De lo contrario, el gobierno estadounidense ya no es "del pueblo, por el pueblo y para el pueblo", como observó **Abraham Lincoln** en su poderoso discurso de Gettysburg.

Enmienda III
Ningún Soldado podrá, en tiempo de paz, ser alojado en ninguna casa, sin el consentimiento del Propietario; ni en tiempo de guerra, pero de la manera que prescriba la ley.

Hasta la fecha, la Tercera Enmienda no ha sido un problema importante, porque los conflictos militares en gran parte se han producido en el extranjero. Sin embargo, en las condiciones culturales actuales, podría convertirse en un problema en cualquier momento.

Enmienda IV
No se violará el derecho de las personas a estar seguras en sus personas, casas, papeles y efectos, contra registros e incautaciones irrazonables, y no se emitirán órdenes de arresto, sino por causa probable, respaldada por juramento o afirmación, y en particular describiendo el lugar que se registrará y las personas o cosas que se incautarán.

Gobierno excesivo se ha vuelto cada vez más invasivo. En los últimos años, la Agencia de Inteligencia de Defensa y hasta otras 16 entidades de espionaje del gobierno utilizan rutinariamente software de rastreo disponible comercialmente para espiar sin orden judicial a ciudadanos estadounidenses. Una técnica común es escuchar conversaciones con teléfonos inteligentes. Es una violación profunda y directa de la Cuarta Enmienda, según el juez **Andrew P. Napolitano**, analista legal de Fox News y ex juez del Tribunal Superior de Nueva Jersey.

Cualquier forma de vigilancia gubernamental sin una orden judicial, o con una orden judicial sin una demostración clara e inequívoca de la causa probable, y la identificación específica de las "personas o cosas que deben ser confiscadas" anula la libertad personal que la Constitución de los EE. UU. Fue diseñada específicamente para proteger. . Cuanto más sepa el gobierno, más controlará. La vigilancia ilegal es un camino directo al socialismo en el camino hacia el autoritarismo total.

La Cuarta Enmienda es cada vez más violada por el espionaje gubernamental de alta tecnología sin orden judicial, como el realizado por la Administración de Seguridad Nacional, especialmente durante la Administración Obama. Además, la investigación de la colusión rusa demostró un abuso particular del proceso de la orden. Además, los jueces liberales tienden a simplemente sellar las solicitudes de órdenes judiciales, sin presionar para obtener pruebas claras. Para los jueces es simplemente el camino de menor resistencia.

ENMIENDA V

NINGUNA PERSONA DEBERÁ RESPONDER POR UN DELITO CAPITAL O DE OTRO MODO INFAME, A MENOS QUE SE PRESENTE UNA PRESENTACIÓN O ACUSACIÓN DE UN GRAN JURADO, EXCEPTO EN CASOS QUE SURJAN EN LAS FUERZAS TERRESTRES O NAVALES, O EN LA MILICIA, CUANDO ESTÉ EN SERVICIO REAL EN TIEMPO DE GUERRA O PELIGRO PÚBLICO; TAMPOCO SE PODRÁ PONER EN PELIGRO LA VIDA O LA INTEGRIDAD FÍSICA A NINGUNA PERSONA POR EL MISMO DELITO; NI SERÁ OBLIGADO EN NINGÚN CASO PENAL A DECLARAR CONTRA SÍ MISMO; NI SER PRIVADO DE LA VIDA, LA LIBERTAD O LA PROPIEDAD, SIN EL DEBIDO PROCESO LEGAL; NI SE TOMARÁ PROPIEDAD PRIVADA PARA USO PÚBLICO SIN UNA JUSTA COMPENSACIÓN.

Gobierno excesivo ha ido invadiendo progresivamente la prohibición de la doble incriminación, así como la incautación de bienes y menores sin el debido proceso. La prohibición contra la doble incriminación se viola al menos conceptualmente al acusar a un acusado de un cargo penal y luego utilizar un cargo civil como respaldo, esencialmente por el mismo delito, si el primer cargo no logra condenar. La doble incriminación también se viola, al menos conceptualmente, al acusar a un acusado de una violación tanto estatal como federal, de prácticamente el mismo cargo.

Las agencias gubernamentales, como el Servicio de Impuestos Internos (IRS, por sus siglas en inglés) habitualmente confiscan propiedades sin el debido proceso legal. Se asume la culpabilidad y el ciudadano debe demostrar su inocencia, que es lo contrario al proceso previsto por la Constitución. Otras agencias, secuestran a los niños de sus padres sin el debido proceso. Los padres se ven obligados inconstitucionalmente a demostrar su inocencia. Como cuestión de lógica, la culpa se prueba con evidencia. "Demostrar" la inocencia es casi imposible, porque implica probar un negativo, esencialmente un número infinito de veces, que cubre todas las oportunidades dentro de un período de tiempo específico.

ENMIENDA VI

EN TODOS LOS PROCESOS PENALES, EL IMPUTADO GOZARÁ DEL DERECHO A UN JUICIO PÚBLICO Y RÁPIDO, POR UN JURADO IMPARCIAL DEL ESTADO Y DISTRITO EN QUE SE HAYA COMETIDO EL DELITO; QUÉ DISTRITO HABRÁ SIDO PREVIAMENTE DETERMINADO POR LA LEY, Y SER INFORMADO DE LA NATURALEZA Y CAUSA DE LA ACUSACIÓN; SER CONFRONTADO CON LOS TESTIGOS EN SU CONTRA; TENER PROCESO OBLIGATORIO PARA LA OBTENCIÓN DE TESTIGOS A SU FAVOR; Y CONTAR CON LA ASISTENCIA DE UN ABOGADO PARA SU DEFENSA.

Gobierno excesivo prácticamente ha eliminado el derecho a un juicio rápido. El "derecho a un juicio público y rápido" ante un jurado imparcial ha sido, en la práctica, negado por el cada vez más complejo y enrevesado sistema de justicia legal. Es el resultado natural de la tendencia a largo plazo de dividir los pelos legales cada vez más finos en más y más pedazos que deben abordarse en casi todos los juicios futuros.

En algunos casos, el abuso de la fiscalía ha creado una enorme presión, más allá de lo razonable, para que un acusado llegue a un acuerdo extrajudicial y / o se declare culpable de un cargo falso. Por supuesto, hay muchos otros casos en los que tales acuerdos son prácticos y tienen sentido.

ENMIENDA VII
EN CASOS DE DERECHO DE LEY COMUN, DONDE EL VALOR EN CONTROVERSIA EXCEDA DE VEINTE DÓLARES, SE CONSERVARÁ EL DERECHO A UN JUICIO POR JURADO, Y NINGÚN HECHO JUZGADO POR UN JURADO SERÁ REEXAMINADO DE OTRO MODO EN NINGÚN TRIBUNAL DE LOS ESTADOS UNIDOS QUE DE ACUERDO CON LAS REGLAS DEL DERECHO DE LA LEY COMUN.

Aunque el derecho a un juicio con jurado todavía existe, un gobierno excesivo lo ha restringido sustancialmente. Consulte los comentarios sobre las protecciones constitucionales contra la doble incriminación, las incautaciones del gobierno y la presión excesiva para llegar a un acuerdo o declararse culpable de cargos menores como precio del acuerdo.

Enmienda VIII
NO SE EXIGIRÁ FIANZA EXCESIVA, NI SE IMPONDRÁN MULTAS EXCESIVAS, NI SE INFLIGIRÁN CASTIGOS CRUELES E INUSUALES.

En la actualidad, parece haber poca evidencia de fianza excesiva o multas excesivas, pero las semillas se han plantado. Los políticos liberales / progresistas / socialistas tienen un creciente apetito por usar multas excesivas para controlar a la gente, es decir, restringir la libertad. Un ejemplo es la Ley del Cuidado de Salud a Bajo Precio, también conocida como multa por mandato individual "Obamacare" pagada por personas que no tenían un seguro médico que cumpliera con los criterios federales. La sanción fue derogada en 2017. Una coalición de estados desafió el equilibrio de Obamacare. La Corte Suprema de los Estados Unidos se pronunciará sobre el desafío en 2021.

Las definiciones de términos como "terrorismo doméstico" y "supremacía blanca" y otros son muy maleables y allanan el camino para que grupos seleccionados sean perseguidos como resultado de políticas gubernamentales partidistas extremistas. Se ha atacado a conservadores, cristianos y otros grupos. Las definiciones elásticas producen un gobierno excesivo

Enmienda IX
LA ENUMERACIÓN EN LA CONSTITUCIÓN DE CIERTOS DERECHOS NO SE INTERPRETARÁ EN EL SENTIDO DE NEGAR O MENOSPRECIAR OTROS RETENIDOS POR EL PUEBLO.

Consulte los comentarios sobre la Enmienda 10. Los gobiernos federal y estatal están descubriendo que pueden extender el poder y el alcance del gobierno para controlar las minucias de la vida de las personas, declarando virtualmente cualquier cosa como una "emergencia" abierta. La pandemia de COVID-19 ha sido ampliamente abusada por funcionarios gubernamentales y se ha convertido en la excusa para sentar precedentes muy peligrosos. Solo un ejemplo es que las acciones gubernamentales generalizadas han debilitado grave y sustancialmente el proceso electoral, invitando a todo tipo de fraude.

ENMIENDA X

LOS PODERES NO DELEGADOS A LOS ESTADOS UNIDOS POR LA CONSTITUCIÓN, NI PROHIBIDOS POR ELLA A LOS ESTADOS, ESTÁN RESERVADOS A LOS ESTADOS RESPECTIVAMENTE, O AL PUEBLO.

La enmienda 10 es muy clara. Sin embargo, *Everson v. Board of Education* (1947) combinó inapropiadamente la Enmienda constitucional 1 y la Enmienda 14 para aplicar una interpretación al revés de "separación de iglesia y estado" al estado de Nueva Jersey. Desde entonces, la Declaración de Derechos, redactada para proteger a la gente del gobierno federal, ha sido impuesta por el gobierno federal a todos los niveles inferiores de gobierno, aplicaciones cuasigubernamentales e incluso a individuos y haciéndolo con fallos que restringen seriamente la libertad en formas cada vez más extremas.

La combinación de enmiendas en formas no autorizadas explícitamente por la Constitución ha producido los ejemplos más atroces de gobierno excesivo en la historia de Estados Unidos. Por ejemplo, a los líderes estudiantiles no se les permite orar en las ceremonias de graduación ni a los entrenadores en los juegos de fútbol.

Efectivamente, la moderna "cultura de cancelación" ha cancelado la Constitución de los Estados Unidos. Todas las ramas del gobierno ignoran la Constitución. Cada vez más, los presidentes emiten órdenes ejecutivas y los legisladores aprueban proyectos de ley sin tener en cuenta la Constitución. Los tribunales federales y el Tribunal Supremo de los Estados Unidos no ejercen su responsabilidad suprema como garantes de la Constitución. El gobierno federal aprueba rutinariamente leyes que deberían ser responsabilidades estatales o locales.

La serpiente del socialismo se ha estado deslizando por el jardín de Estados Unidos durante más de 70 años.

CAPITULO SIETE

LA SERPIENTE DEL SOCIALISMO SE DESLIZA POR EL JARDÍN DE ESTADOS UNIDOS

A medida que Estados Unidos se aleja de Dios, la cultura ha perdido su sentido de responsabilidad personal, desde el nivel individual hasta el nacional. Alguien más siempre tiene la culpa, nunca a uno mismo. El juego de la culpa se ha magnificado enormemente a medida que la nación ha pasado por la siguiente línea de tiempo.

La humildad acepta la responsabilidad personal; el orgullo culpa a los demás. El cambio de la humildad al orgullo es tan claro en la cultura estadounidense moderna como lo fue en Adán y Eva. "Contra ti [Dios] solamente he pecado y he hecho lo que es malo ante tus ojos, para que seas justificado en tus palabras e irreprensible en tu juicio. [Salmo 51: 4]

*D*r. Alfred Kinsey—Una figura poco conocida hoy en día—hizo más por destruir la cultura estadounidense que cualquier otro individuo en la historia de Estados Unidos. Fue aclamado como el "sexólogo" más importante del mundo, según una investigación falsa realizada en las décadas de 1930 y 1950. En 1990, la **Dra. Judith Reisman** finalmente expuso a Kinsey como un fraude, culpable de pedofilia infantil masiva. Mucho antes, Kinsey, armado con infusiones financieras multimillonarias de la Fundación Rockefeller (RF) y conexiones legales con la ACLU y la Corte Suprema de EE. UU., Publicó varios libros superventas y fue citado en miles de publicaciones académicas sobre derecho, psicología y revistas de sociología. Su "experiencia" ha sido citada en cientos de juicios legales.

En la década de 1950, Kinsey llenaba regularmente los 10 estadios de fútbol de los 10 grandes con estudiantes universitarios ansiosos por escucharlo hablar sobre sexo en un momento en que la palabra solo se podía susurrar en compañía educada. Kinsey y su equipo identificaron 52 delitos sexuales para derogación o debilitamiento extremo. La mayoría ya no forman parte de la ley estadounidense. En efecto, sembró la revolución sexual que produjo frutos que destruyeron la cultura a finales de los sesenta y setenta.

Aunque falleció en 1956, el Instituto Kinsey (KI) de la Universidad de Indiana todavía existe en la actualidad. El Instituto y su progenie son responsables de la mayor parte del llamado material de educación sexual que se utiliza en las escuelas públicas del país. El daño de Kinsey a la cultura estadounidense es omnipresente y tan vasto que está casi más allá de la comprensión. Tan recientemente como en 2014, el KI ganó el estatus consultivo de las Naciones Unidas por materiales "educativos" cuyo objetivo era superar el instinto más básico de autoconservación en niños de todas las edades, preparándolos para cooperar con una agenda internacional de cambio social. A partir de 2019, la aplicación KI's, el "Kinsey Reporter", solicitó a los "científicos ciudadanos" que presentaran de forma anónima información sobre todo tipo de actos / delitos sexuales. Sí,

En rápida sucesión, el trabajo de Kinsey desencadenó una revolución sexual, seguida de una revolución social, responsable de la agitación de los años sesenta y setenta y más allá, y finalmente la revolución política que legalizó la mayoría de los excesos de las dos primeras revoluciones. Los tres continúan hoy. La tolerancia inicial de sus perversiones se convirtió en aceptación, seguida de defensa y, en *última* instancia, legalización a través de los procesos políticos y legales. Un subproducto importante de las revoluciones son los esfuerzos cada vez mayores del gobierno federal para garantizar, autorizar y legalizar todos los comportamientos extraños. El rápido crecimiento del gobierno en algún momento intensifica una rápida toma de poder por parte de los principales socialistas.

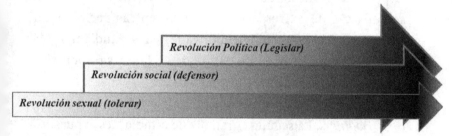

La revolución sexual engendrada por Kinsey, desencadenó una revolución social, que promovió una revolución política.

La marcha implacable hacia el cautiverio del socialismo ha continuado durante más de siete décadas. Un breve resumen cronológico de siete décadas demuestra claramente cómo el público estadounidense en general y los creyentes judeocristianos en particular han malgastado la libertad de manera descuidada y profunda. Los elementos enumerados en negrita destacan las decisiones de la Corte Suprema de los Estados Unidos u otros desarrollos importantes particularmente dañinos para el cristianismo, la familia creada por Dios, la cultura estadounidense, el concepto estadounidense de libertad y la forma de gobierno estadounidense.

EL SOCIALISMO ES EL RESULTADO DE UNA NACIÓN QUE HUYE
DE DIOS DURANTE AL MENOS SIETE DÉCADAS.

~ *Década de 1950*~

- *Factura GI*: Hasta la década de 1950, las opiniones humanistas / socialistas más extremas se celebraban en el pequeño santuario interior de las grandes universidades. Sin embargo, millones de veteranos de la Segunda Guerra Mundial que regresaron no pudieron encontrar trabajo. Para muchos, la mejor alternativa se convirtió en los beneficios de educación universitaria del GI Bill de 1944 (que expiró en 1956). El gobierno pagó por la primera gran ola de estudiantes expuestos a la ideología socialista / de extrema izquierda, mientras recibían una educación. La exposición debilitó la fe de los estudiantes. Más tarde, se convirtieron en los padres de los hippies responsables del caos de finales de los sesenta y setenta.

- *Baby Boomers*: La segunda gran ola de estudiantes expuestos a la ideología de extrema izquierda / socialista fueron los Baby Boomers, siempre el lugar más amplio en la tubería demográfica. Esa exposición preparó el escenario para el caos de finales de los sesenta y setenta. Kinsey se había ido, pero seguía siendo la comidilla de los campus universitarios.

Muchos de los difuntos Baby Boomers se convirtieron en los rebeldes Hippies de "enciende, sintoniza, abandona". La frase fue acuñada por el profesor de psicología de Harvard y líder de la contracultura, Timothy Leary, quien tenía una clara explicación psicológica. Sin embargo, en la práctica, la frase llegó a significar encender (con todo tipo de drogas), sintonizar (con la unidad con la naturaleza) y abandonar (del "establecimiento" judeocristiano que había estabilizado Estados Unidos durante unos 400 años).

- *Hugh Hefner*: Fundó la revista Playboy, que se publicó por primera vez en diciembre de 1953. Pasó de ser una revista de chicas a una revista pornográfica en unos pocos años. Hefner avivó las llamas de la revolución sexual llamándose a sí mismo "el panfletista de Kinsey" y eligiendo el sexo en términos psicológicos eufemísticos, aparentemente inocentes, en la llamada "Filosofía de Playboy". Hefner fue uno de los líderes más visibles del movimiento para "normalizar" la pornografía, que décadas después saturó Internet.

~ *Década de 1960* ~

- *Engel contra Vitale (1962): La Corte Suprema de los Estados Unidos declaró inconstitucional la oración en las escuelas públicas.* Hubo muy poca reacción del cuerpo de creyentes judeocristianos y sus líderes espirituales. Algunas escuelas continuaron la oración hasta que fueron bloqueadas por una acción legal específica que los nombró como los acusados. La prohibición impuesta por el gobierno de la oración en las escuelas públicas es descaradamente inconstitucional, pero hay pocos recursos cuando el fallo es de la Corte Suprema de los Estados Unidos.

- *Distrito Escolar de Abington contra Schempp (1963): La Corte Suprema de los Estados Unidos declaró inconstitucional la lectura de la Biblia en las escuelas públicas.* Hubo muy poca reacción del cuerpo de creyentes judeocristianos y sus líderes espirituales. Algunas escuelas continuaron leyendo la Biblia hasta que fueron bloqueadas por una acción legal específica dirigida a esa escuela o sistema escolar. Hoy, echa un vistazo www.publicschoolexit.com de alternativas al sistema de escuelas públicas.

- *Escuelas públicas sindicalizadas*: En la década de 1970, numerosos estados otorgaron a los sindicatos de maestros el derecho de huelga. Posteriormente, tendieron a alinearse con el partido demócrata que les daría más dinero que los republicanos. En consecuencia, el punto de vista liberal / socialista se incorporó gradualmente en los sindicatos de maestros y en todos los sistemas escolares y universitarios públicos.

  El apalancamiento (poder) de los sindicatos del sector privado está limitado por la rentabilidad de las empresas involucradas. A medida que disminuyen los márgenes de beneficio, los sindicatos pierden poder de negociación. Los sindicatos del sector público no tienen el mismo rechazo. El resultado práctico es que los sindicatos de maestros apoyan al mejor postor, generalmente demócratas, adoptando cada vez más una mentalidad socialista en el camino.

- *Anton Vey*: En desafío directo al cristianismo, Vey fundó la Iglesia de Satanás en 1966. Escribió La Biblia satánica y Los rituales satánicos. Los satanistas se declaran a sí mismos como sus propios dioses (como en el humanismo). La Iglesia de Satanás todavía existe hoy; los adherentes a menudo argumentan en contra de las exhibiciones públicas de la Natividad y Los Diez Mandamientos y cualquier mención de Dios en el discurso público. También hacen campaña por el "derecho" a exhibir su propia estatua satánica en lugares públicos. La estatua de Baphomet es un símbolo de lo oculto; es una escultura de bronce de un humanoide alado con cabeza de cabra.

- *Movimiento hippy*: El movimiento Hippie fue la mayor traición a una herencia cultural en la historia y lanzó agresivamente la mayor marcha hacia el egoísmo individual y cultural de la historia. Esa marcha ha crecido en poder, dinero y pura determinación. Hoy, el movimiento enormemente expandido continúa presagiando el fin del Gran Experimento Americano (gobierno del pueblo, responsable ante el pueblo) y amenaza la supervivencia de los Estados Unidos de América.

"¡Si se siente bien, hazlo!" El movimiento hippy, la edad universitaria y la deserción de los adultos jóvenes, eludió todas las barreras, promovió el sexo sin restricciones y las drogas en cualquier forma y en cualquier momento. El movimiento dio a luz, facilitó o abogó por muchos otros movimientos de "liberación", como los movimientos de liberación de la mujer y de liberación gay. La raíz de todos los movimientos de liberación fue la liberación de Dios y los límites que puso al comportamiento, aunque los límites fueran por el bien de la gente.

Cincuenta años después, los hippies que evitaban el mundo empresarial y el ejército (el despreciado "complejo militar-industrial") se encuentran empleados en las escuelas públicas, la educación superior y el gobierno (estado profundo y política) todavía pedaleando su tóxico socialista / De ideología marxista y ahora controlando los niveles más altos del gobierno federal.

- *Saul Alinsky*: Fue el activista más conocido de la década de 1960. Alinsky publicó un libro ampliamente leído en 1971, "Reglas para radicales", que todavía está disponible en la actualidad. Está sorprendentemente dedicado a Lucifer (Satanás). Tuvo una profunda y penetrante influencia sobre Hillary Clinton y

Barack Obama, ambos destacados socialistas, aunque intentan esconderse de la etiqueta llamándose progresistas.

- *Junta de Censores de Hollywood*: La censura de películas se remonta a 1897. Siete estados formaron juntas de censura de películas, alrededor de 1907. Como resultado de la protesta pública por la inmoralidad, Hollywood formó el Código de producción cinematográfica que funcionó de 1934 a 1968. Mantuvo una cultura cinematográfica de salubridad. En la sexualmente caótica década de 1960, el Código se volvió imposible de hacer cumplir y fue reemplazado por el actual sistema de clasificación de la MPAA, que se ha deteriorado gradualmente en las últimas décadas, al "definir la desviación hacia abajo".

- ***Los valores y la moral de finales de los sesenta y setenta, también conocidos como enseñanza bíblica, fueron eliminados de las escuelas públicas.*** Las escuelas públicas tomaron decisiones deliberadas para suspender la enseñanza de valores en las escuelas, centrándose en cambio en lo académico. "La naturaleza aborrece el vacío", incluido un vacío emocional o espiritual. Gradualmente, el vacío de los valores / morales bíblicos se llenó de valores humanistas: 1) no hay dios, 2) por lo tanto, no hay una verdad objetiva, y 2) no hay valores generales que se apliquen a todas las personas para siempre.

- *Liberación femenina:* Subió a la ola de movimientos de liberación de la década de 1960. "El feminismo radical es el movimiento más destructivo y fanático que nos ha llegado desde los años sesenta. Este es un movimiento revolucionario, no reformista, y está teniendo un éxito considerable. Totalitario en espíritu, es profundamente antagónico a la cultura occidental tradicional y propone la reestructuración completa de la sociedad, la moralidad y la naturaleza humana." *Juez Robert Bork*, *Slouching Towards Gomorrah* (1996) El movimiento feminista radical fue y sigue siendo profundamente antagónico hacia el cristianismo.

Durante el movimiento, la brujería experimentó un enorme resurgimiento. Las mujeres se apresuraron a perseguir al dios falso del materialismo tan agresivamente como los hombres, mientras sacrificaban espiritualmente a sus hijos a Moloch (dios pagano de los amonitas, conocido por el sacrificio de niños). El sacrificio de niños de las feministas fue mediante el aborto o entregando efectivamente sus hijos a extraños para que los criaran (rondas interminables de variantes de guarderías).

Por supuesto, muchas mujeres, incluidas las cristianas, con puntos de vista menos extremos quedaron atrapadas en la marejada del feminismo, que debilitó gravemente la unidad familiar creada por Dios. Ellos también abortaron bebés en cantidades enormes y dieron a sus hijos a extraños para que los criaran en pos del materialismo.

• *Liberación gay:* La misma ola de movimientos de liberación produjo la liberación gay. Los objetivos ampliamente alcanzados fueron normalizar y legalizar las relaciones de gays y lesbianas. El movimiento también trabajó para abolir las distinciones de género, la familia nuclear bíblica y el capitalismo. El argumento era que la liberación sexual completa no podría producirse a menos que se abolieran las instituciones sociales existentes. Prácticamente todos los movimientos de "liberación" fueron creados para liberar a los grupos de los límites o principios bíblicos.

Hoy en día, el movimiento socialista / marxista mucho más grande utiliza temas LGBT (lesbianas, gays, bisexuales, transgénero), que afectan a una minoría extremadamente pequeña, como una cuña para destruir la familia tradicional bajo el disfraz de "tolerancia", "igualdad", "diversidad," "E inclusividad".

~ *Década de 1970*~

- *Leyes de divorcio sin culpa*: **Comenzando con California en 1970 y continuando hasta principios de los 80, todos los estados adoptaron leyes de divorcio sin culpa.** Se inspiraron en una ronda anterior de leyes de seguros de automóviles sin culpa, que por supuesto no implicaban problemas morales. Las tasas de divorcio se dispararon. Si el matrimonio debe ser acordado por dos personas, no debe haber divorcio a menos que AMBOS estén de acuerdo. Hoy, cualquiera de las partes puede solicitar el divorcio. La otra parte no puede detenerlo. El divorcio fácil es una negación directa de los mandatos bíblicos y de Dios; debilita seriamente a la familia y allana el camino para el socialismo. Desafortunadamente, las leyes de divorcio sin culpa suscitaron muy poca reacción entre los creyentes y sus líderes. Es extraño que la mayoría de las parejas vayan a la iglesia para casarse pero van al gobierno para divorciarse.

- *Roe contra Wade (1973): La Corte Suprema de Estados Unidos legalizó el aborto en todo el país.* Cualquier abogado honesto de cualquier lado del asunto admitirá que el fallo fue una mala ley; no estaba respaldado por precedentes legales o argumentos legales. El fallo simplemente reflejaba las opiniones personales de los jueces que estaban sentados en ese momento. El aborto nunca debería haber sido un problema federal. De acuerdo con la Enmienda constitucional X, debería haber seguido siendo un asunto estatal y local. La prisa por una resolución inconstitucional es una medida del grado de decadencia cultural en ese momento.

En años posteriores, algunos de los mayores defensores del aborto cambiaron sus posiciones. Las revocaciones más conocidas incluyen a **Norma McCorvey** (Jane Roe en la demanda). Después de 1995, McCorvey dedicó el resto de su vida a reparar el daño causado por Roe v. Wade. El **Dr. Bernard Nathanson**, fue uno de los principales abortistas de la nación y uno de los defensores más abiertos del aborto antes de *Roe v. Wade*. Expresó públicamente sus dudas al respecto menos de un año después de la infame decisión; después de lo cual, dedicó el resto de su vida a ser un agresivo defensor de la vida. La jueza de la Corte Suprema **Sandra Day O'Conner** dijo que algún día la ciencia superará a Roe v. Wade; ese día es AHORA.

- *Corrección política* (PC) comienza el movimiento. En realidad, las raíces de la corrección política son la insistencia en la "corrección ideológica" de los marxistas-leninistas y maoístas. En los años setenta y ochenta, los políticos liberales comenzaron a utilizar el término "corrección política". En última instancia, el objetivo es exagerar los puntos de vista humanistas que toleran todo tipo de pecado y acabar con todos los puntos de vista religiosos, especialmente los judeocristianos. La corrección política recubre el pecado y la jerga de grupos demográficos con un vocabulario de reemplazo de eufemismos educados y no condenatorios. El PC es una violación profunda y directa del principio de libertad de expresión, que no tolera ningún disenso o injerencia en la marcha implacable hacia la conducta impía y el Socialismo.

- *Larry Flynt*: Fundó la revista Hustler en 1974. Hustler fue más allá de Playboy, publicando desnudos aún más explícitos y provocativos. Flynt trabajó incansable e incansablemente para promover y legalizar la pornografía. Fue uno de los activistas más destacados y controvertidos del movimiento.

- *Movimiento por los derechos de los animales*: Este movimiento fue defendido en Animal Liberation, por **Peter Singer** (1975) y People for the Ethical Treatment of Animals (PETA), (1980). Reconoce que el "especismo" es una forma de discriminación y que ciertos animales deben tener una "personalidad" legalmente reconocida. Al romper la distinción entre el hombre y los animales, el hombre es moral y éticamente rebajado al nivel de un animal, una contradicción directa con los mandatos de Dios en las Escrituras. Los activistas ven al socialismo como el mejor vehículo para proteger los derechos de los animales.

~ Década de 1980~

- *Una historia popular de los Estados Unidos, Howard Zinn (1980)*: Best seller de 40 años, ampliamente utilizado como libro de texto en escuelas secundarias y universidades; hoy, hay más de 2,5 millones de copias impresas. El libro es una historia revisionista extrema, no patriótica, que afirma que Estados Unidos es malvado y se centra en los pecados percibidos de Estados Unidos, como la esclavitud y el abuso de los nativos americanos a expensas de la verdadera historia estadounidense. El cristianismo y su papel vital en la historia de Estados Unidos está notoriamente ausente. Zinn, que admiraba a **Karl Marx**, criticaba duramente al capitalismo y glorificaba al socialismo.

- *1983 Año de la Biblia*: La resolución del Congreso que declara 1983 como el Año de la Biblia fue firmada por **Thomas (Tip) P. O'Neill**, Demócrata, Portavoz de la Cámara, **Strom Thurmond**, Republicano, Presidente del Senado, y **el Presidente Ronald**

Reagan, Republicano. Un panfleto promocional presentaba una advertencia poderosa y profética *del presidente Abraham Lincoln*:

"Hemos crecido en número, riqueza y poder como ninguna otra nación ha crecido. Pero nos hemos olvidado de Dios. Nos hemos olvidado de la Mano misericordiosa que nos conservó en paz, nos multiplicó, nos enriqueció y nos fortaleció; y hemos imaginado en vano, en el engaño de nuestro corazón, que todas estas bendiciones fueron producidas por alguna sabiduría superior y virtud propia. Embriagados por el éxito inquebrantable, nos hemos vuelto demasiado autosuficientes para sentir la necesidad de la gracia redentora y preservadora, ¡demasiado orgullosos para orar al Dios que nos hizo!" (30 de marzo de 1863)

> "La filosofía del aula en una generación es la filosofía del gobierno en la siguiente".
> *Presidente Abraham Lincoln*
>
> "La libertad nunca está a más de una generación de la extinción. No se lo transmitimos a nuestros hijos en el torrente sanguíneo. Hay que luchar por ella, protegerla y transmitirla para que hagan lo mismo, o algún día pasaremos nuestros años del atardecer contándoles a nuestros hijos y a los hijos de nuestros hijos cómo era antes en los Estados Unidos, donde los hombres eran libres".
> *Presidente Ronald Reagan*

- *Multiculturalismo*: Surgiendo en la década de 1960 y ganando terreno político en la década de 1980, el multiculturalismo se ha convertido en una de las estrategias más poderosas de dividir y conquistar de la "política de identidad" satánica. El movimiento aboga por apreciar la cultura de los antepasados de cada individuo. Dado que prácticamente todos los antepasados vinieron de algún otro lugar, la fuerte implicación es que Estados

Unidos no tiene una cultura propia, y mucho menos una cultura envidiada en todo el mundo. Tal premisa es absolutamente absurda, pero el concepto es engañosamente atractivo y todavía se usa hoy como un poderoso martillo político y cultural.

El multiculturalismo es un movimiento de izquierda / socialista / marxista diametralmente opuesto a la estructura y los valores de las instituciones occidentales; por lo tanto, se opone al cristianismo y las normas bíblicas de cualquier tipo. Por supuesto, el aislamiento de los grupos fomenta la desconfianza y el conflicto entre los grupos, debido a las dificultades en la comunicación incluso cuando hablan el mismo idioma. Lo real o percibido, la desconfianza o el conflicto, se convierte en una excusa continua para expandir el poder y el control del gobierno federal.

~ *Década de 1990* ~

- *Diversidad, tolerancia, inclusión*: Controla el idioma para controlar la cultura. Exteriormente, estos términos se defienden como un medio para reducir o poner fin a la discriminación percibida. Espiritualmente, se convierten en la justificación para crear un vocabulario completamente nuevo de eufemismos que cubren con azúcar todo tipo de pecados, haciéndolos aceptables, incluso deseables en toda la sociedad estadounidense.

El nuevo vocabulario se convirtió en una herramienta para dividir a la familia y revisar la historia para ajustarse a una visión socialista. Toda la terminología políticamente correcta se ha introducido en los libros de texto desde los grados más bajos hasta las universidades. Hoy, está incrustado en el léxico popular.

- *Presidente Bill Clinton acusado, 19 de diciembre de 1998*. Fue acusado por la Cámara de Representantes, pero no condenado por el Senado por dos cargos de perjurio, obstrucción de la justicia y abuso de poder. Los cargos se derivaron de una aventura sexual con la pasante de la Casa Blanca, Monica Lewinsky. El sórdido asunto y los siete meses posteriores de publicidad explosiva fueron como clavar un cuchillo en el corazón de la cultura tradicional estadounidense. Después de todo, si el presidente puede salirse con la suya, ¿por qué otros no pueden hacerlo?

~ *Década de 2000* ~

- *Comisión de Reforma Electoral Federal* (2005), también conocida como Comisión Carter-Baker: La Comisión se formó para evitar que se repitan las controversias en torno a las elecciones presidenciales de 2000. La Comisión formuló 87 recomendaciones para mejorar y asegurar la integridad de las elecciones. El Congreso adoptó NINGUNA de la recomendación. Algunos aspectos de las recomendaciones fueron adoptados por algunas legislaturas estatales. Hoy, el proceso electoral está en ruinas.

- *Apertura del Centro de visitantes del Capitolio de EE. UU.*: A un costo de $ 621 millones, se suponía que el centro era un monumento a la fundación y las instituciones de la nación. Sin embargo, los observadores argumentaron que TODAS las referencias a Dios y la fe habían sido eliminadas cuidadosa y deliberadamente de las fotografías y exhibiciones históricas. Fue un intento descarado de la izquierda de revisar la historia estadounidense para apoyar una imagen secular falsa. La intención inequívocamente clara apareció en la inscripción sobre la entrada: "No hemos construido más templo que el

Capitolio. No consultamos ningún oráculo común excepto la Constitución".

- *Primer mandato de Obama (2009-2012)*: Afirmó que la Constitución era una barrera para sus objetivos. La percepción obstaculizó temporalmente su marcha hacia el socialismo.

- *Aceleración del crecimiento del socialismo*: Los Millennials y la Generación Z que emergen de un sistema educativo socialista difunden el "evangelio" del socialismo en todas las instituciones principales, incluidos los medios de comunicación, el entretenimiento, los deportes, los negocios y la política.

- *Promoción de la inmigración ilegal irrestricta*: La inmigración descontrolada inunda el país de posibles votantes socialistas demócratas, porque los recién llegados nunca han experimentado la cultura estadounidense ni se les han enseñado siquiera los rudimentos de la historia estadounidense de la libertad. "Dios concede libertad sólo a quienes la aman y siempre están dispuestos a protegerla y defenderla". Senador Daniel Webster, 3 de junio de 1834. Los recién llegados que no comprenden la libertad estadounidense y sus raíces espirituales no la protegerán; de hecho, lo desperdiciarán fácilmente votando a favor de "cosas gratis".

- *Estándares [educativos] estatales básicos comunes*: Common Core se convirtió en el vehículo para que el gobierno federal tomara el control de la educación pública, un claro hito en el camino hacia el socialismo. La historia estadounidense tradicional fue reemplazada por la historia revisionista, utilizando libros de texto financiados por los grupos de fachada de George Soros. El socialismo fue y es presentado como muy beneficioso para las masas. Hoy, 41 estados, el Distrito de Columbia, cuatro territorios y la Actividad Educativa del Departamento de Defensa han adoptado los Estándares Estatales Básicos Comunes.

~ *Década de 2010* ~

- *Obergefell contra Hodges (2015): La Corte Suprema de Estados Unidos legalizó el matrimonio entre personas del mismo sexo*, que son mandatos bíblicos claramente antagónicos. El fallo efectivamente sacudió el puño nacional en el rostro de Dios. Ha habido poca reacción del cuerpo de creyentes judeocristianos y sus líderes.

- *Segundo mandato de Obama (2013-2016)*: Descubrió que podía ignorar la Constitución, sin rendir cuentas y procedió a hacerlo con la mayor frecuencia posible.

- *Movimiento #Metoo (2017)*: El movimiento barrió el país. Muchas celebridades denunciaron acoso sexual; a veces, muchos años antes. La publicidad inspiró un aumento del 14% en otras denuncias de acoso sexual por parte de otros, en comparación con el año anterior. (EEOC)

- *Corrección política*se transforma en la Cultura de la Cancelación, apuntando a individuos y grupos por doxing o destrucción personal de nombre, reputación y carrera, si se atreven a oponerse a la ortodoxia de la corrección política. "Cancelar la cultura se está convirtiendo rápidamente en la cultura estadounidense." *Alan Dershowitz,* profesor emérito de derecho de Harvard Como fenómeno cultural, está fuera del alcance de la Primera Enmienda, que fue escrita para proteger al individuo del gobierno. Es un gran peligro para la libertad de expresión como se entiende normalmente y un gran peligro para todas

123

las demás libertades y para la forma de gobierno que estabilizó a Estados Unidos durante casi cuatro siglos.

- *Los desembolsos de bienestar individual superan el salario mínimo*: "La asistencia social actualmente paga más que un trabajo de salario mínimo en 35 estados, incluso después de contabilizar el Crédito Tributario por Ingreso del Trabajo, y en 13 estados paga más de $ 15 por hora". [Instituto CATO (2013)] Las personas que se encuentran en el extremo inferior de la escala salarial hacen la pregunta obvia: "¿Por qué trabajar?" Algunos beneficiarios de la asistencia social se convierten en manifestantes pagados en efectivo por todo tipo de causas socialistas liberales / progresistas.

¿Cómo un pequeño país como Alemania amasó una máquina militar de clase mundial capaz de causar todos los estragos y horrores de la Segunda Guerra Mundial? Siguiendo el ejemplo de Vladimir Lenin, **Adolph Hitler** tomó el control del sistema educativo a principios de la década de 1930. A finales de la década de 1930, había criado literalmente a una generación de jóvenes que simpatizaban profundamente con su causa.

"Dame solo una generación de jóvenes y transformaré el mundo".
–*Vladimir Lenin*

- *Historia revisionista*: RH es un intento moderno y agresivo de reemplazar una historia judeocristiana bien documentada, positiva, mundialmente celebrada, ampliamente envidiada, inspiradora, patriótica y judeocristiana de los Estados Unidos, con una visión profundamente negativa, basada en los pecados percibidos de América, principalmente relacionado con la esclavitud y los nativos americanos. El mensaje general es que Estados Unidos es irremediablemente malvado y debe ser reemplazado por el socialismo. El revisionismo está ilustrado por los dos libros de texto de historia descritos en esta línea de tiempo. Otro ejemplo actual es el Proyecto 1619 del New York Times.

- *Proyecto 1619*: El proyecto revisionista creado por un escritor del New York Times que afirma que la fundación de Estados Unidos fue en 1619, cuando los primeros esclavos fueron traídos a Virginia, en lugar de 1776, la firma de la Declaración de Independencia. La afirmación adicional es que la Revolución Americana se luchó principalmente para preservar la esclavitud. Sin embargo, Gran Bretaña no proscribió la esclavitud hasta 1807, mucho después de la Revolución Americana. El Proyecto ignora por completo la historia real.

Además, el Proyecto afirma que la esclavitud dio forma a todas las instituciones políticas, sociales y económicas estadounidenses. Esa afirmación es profundamente errónea. Todas las instituciones estuvieron fuertemente influenciadas por consideraciones del Norte, mientras que la esclavitud se produjo principalmente en algunos estados del sur, que se convirtieron en una minoría cada vez más pequeña a medida que los estados occidentales se agregaron a la unión. Los historiadores han demostrado que el Proyecto 1619 está lleno de errores adicionales. Sin embargo, se utiliza en más de 4.500 escuelas en todo el país. Es un esfuerzo abrumador por distorsionar y avergonzar la historia estadounidense para allanar el camino hacia el socialismo.

- **La libertad religiosa corre el peligro de subordinarse a los derechos civiles.** Tenga en cuenta las controversias sobre la falta de voluntad de los panaderos, fotógrafos y floristas cristianos para brindar servicios para "bodas" LGBT. Los proveedores de servicios tenían objeciones de conciencia con respecto al servicio de bodas no bíblicas. Los proveedores nunca se

125

negaron a atender a los clientes LGBT en ninguna situación que no implique una boda. Con demasiada frecuencia, las empresas cristianas son objeto de demandas en lugares donde es probable que un juez apoye los argumentos de la suite, una práctica llamada compra de jueces.

- *El certamen americano,* D. Kennedy & L. Cohen (17a edición, 2019): The American Pageant presentó una historia extrema y falsa para tres generaciones de estudiantes. Es un libro de texto de historia de la escuela secundaria y la universidad ampliamente utilizado que retrata una visión revisionista fuertemente izquierdista y liberal de la historia estadounidense. Enseña que Estados Unidos es fundamentalmente corrupto. El libro promueve una visión marxista / socialista de Estados Unidos. El Instituto de Educación e Investigación documentó numerosos errores.

~ *Década de 2020* ~

- *Antifa*: Organización marxista-leninista de extrema izquierda que utiliza la violencia para lograr sus objetivos. El socialismo, precedido por la destrucción de las instituciones estadounidenses tradicionales, es su objetivo inmediato. Antifa es hostil a todo lo cristiano o judío.

- *Las vidas de los negros son importantes*: Los fundadores de BLM se autoproclaman marxistas formados; son organizadores que a menudo utilizan la violencia para promover sus objetivos. Aun así, están logrando una aceptación y un apoyo generalizados, incluido el apoyo de muchas escuelas. Como organización marxista, los planes de lecciones de BLM siembran las semillas de la confusión de género y avivan las llamas de la injusticia racial percibida entre los niños pequeños. BLM proclama con orgullo que están "... comprometidos a interrumpir la estructura familiar nuclear prescrita por Occidente ...", que tiene profundas raíces bíblicas. Los materiales de su sitio web son extensos y están preparados profesionalmente.

A pesar de que BLM se basó en un error, la organización ha crecido hasta incluir capítulos en todo el mundo. En 2020, BLM recaudó $ 90 millones. El error fue que después del tiroteo policial contra Michael Brown, cerca de St. Louis, personas, atletas y otros corrieron durante un año gesticulando y proclamando en voz alta: "¡Manos arriba, no disparen!" Durante un juicio, más de un año después, varios testigos presenciales declararon que el gesto y el eslogan que a menudo se repiten nunca sucedieron. Aunque el error fue criticado en los medios durante más de un año, la corrección recibió poca atención de los medios.

- *Teoría de la raza crítica:* (CRT) divide a individuos y grupos de personas, etiquetándolos como oprimidos o opresores, basándose principalmente en el color de la piel. Es claramente un movimiento socialista / marxista y tiene poco que ver con la raza. CRT pasa por alto por completo el problema subyacente de los hogares monoparentales, principalmente sin padre. El descuido es una seria deserción y profanación de la familia diseñada por Dios. Sin embargo, se está abriendo camino en las escuelas a niveles alarmantes. A medida que BLM y CRT invaden más y más escuelas, aumentan las acusaciones de que prácticamente todos los cursos, incluidos los de historia, matemáticas y gramática inglesa, son intrínseca y profundamente racistas. A medida que se acumulan los cargos, las escuelas adoptan rápidamente "remedios" reunidos apresuradamente.

- *Estatuas destrozadas y removidas* Los medios de comunicación suelen caracterizar a las personas que se dedican a desfigurar y destruir estatuas como manifestantes o vándalos. Sin embargo, una búsqueda cuidadosa en Internet revela que las protestas están organizadas por Black Lives Matter, Antifa y grupos similares. Una vez en marcha, los lugareños cercanos a veces se ven arrastrados a la "acción".

La excusa habitual que se da es que la persona recordaba a los "esclavos poseídos". Las acciones de la mafia ignoran totalmente todas las acciones positivas de por vida de la persona profanada y las condiciones del tiempo histórico. Los vándalos se convierten en "idiotas útiles" para un movimiento mucho más amplio. La motivación subyacente, incluso si no es completamente entendida por todas las personas en la multitud, es el borrado de toda la memoria cultural asociada con la exitosa historia bendecida por Dios de Estados Unidos y su fundamento judeocristiano.

La verdadera razón de la profanación es clara, porque el daño de la estatua que comenzó con las estatuas confederadas, se extendió rápidamente a las estatuas de los héroes más preciados de Estados Unidos, incluidos *George Washington, Thomas Jefferson* y *Abraham Lincoln*. La memoria cultural de Estados Unidos debe borrarse antes de que pueda ser reemplazada por una cultura socialista impía. *Abraham Lincoln* fue uno de los fundadores del Partido Republicano, que fue creado específicamente para abolir la esclavitud.

- *Estado profundo*: Aunque las referencias al "estado profundo" ocurren con una frecuencia creciente, siempre ha existido. El estado profundo no es una oscura teoría de la conspiración. Es simplemente la tendencia de burócratas bien arraigados, aislados por las protecciones del servicio civil, de preferir un gran gobierno, porque los beneficia personalmente. Con el tiempo, tienden a convertirse en una cultura liberal / progresista / socialista; es su camino de menor resistencia a un sueldo más grande, oportunidades de ascenso y seguridad laboral.

Como tal, los empleados del estado profundo resistirán activamente cualquier intento de una administración presidencial conservadora de reducir el tamaño de una agencia o implementar cualquier política que limite el poder y el alcance de los burócratas. El estado profundo es poderoso debido a su gran tamaño, un ejército filosófico de aproximadamente 2.0 millones de personas y protecciones del servicio civil. En un discurso al pueblo de Polonia, el ex presidente **Donald Trump** advirtió sobre el "avance constante de las burocracias gubernamentales que agotan la vitalidad y la riqueza de la gente".

• _Equidad profunda_: El concepto fue creado por Corwin (empresa de educación) propiedad de SAGE Publishing que tiene como objetivo "producir una mejora escolar real para la equidad y la justicia social". El plan de estudios incorpora el socialismo a lo largo de K-12, utilizando la justicia social como una herramienta poderosa para atacar el "privilegio blanco" y la "supremacía blanca". Enseña que Estados Unidos es profundamente racista. A los maestros se les enseña a resistir y rechazar a los padres que no están de acuerdo.

Muchos lectores recordarán haber tomado una variedad de cursos claramente separados en escuelas del pasado. Las matemáticas, el inglés, la química y la historia estaban claramente separados. Hoy en día, las filosofías socialista / humanista se extienden a través de prácticamente todos los cursos y todos los niveles de grado. El cáncer filosófico incluye también la educación sexual.

- *Despertó la cultura*: El diccionario de Oxford expandido su definición de la palabra "despertó" en 2017 para agregarla como adjetivo sentido "Alerta a la injusticia en la sociedad, especialmente al racismo". En términos prácticos, gran parte de ella es una percepción falsa. Una cultura despierta también se aplica a una percepción despierta de la discriminación social y la injusticia. Es otra herramienta para mover la cultura estadounidense agresivamente hacia el socialismo.

- *Cancelar cultura*: El diccionario de Cambridge define "cancelar cultura" como una "forma de comportarse en un sociedad o grupo, especialmente sobre social medios de comunicación, en el que es común para completamente rechazar y parada secundario alguien porque ha dicho o hecho algo que ofendeusted." La cultura de la cancelación va mucho más allá de condenar al ostracismo a un individuo o una corporación.

  La cultura de la cancelación ha provocado que las personas pierdan su reputación, trabajos y carreras de toda la vida debido a la percepción instantánea de la incorrección de un solo comentario. Interfiere activamente o bloquea totalmente los medios comunes de comunicación de masas. Es una negación directa de la libertad de expresión. En general, las empresas de redes sociales a menudo han bloqueado las comunicaciones conservadoras o las han apuntado con dudas; La comunicación liberal / progresista / socialista / humanista a menudo se ve reforzada por un posicionamiento favorable en los motores de búsqueda debido a algoritmos sesgados.

- Continuar con los esfuerzos acumulados para aniquilar la historia real, documentada, impulsada por Cristo en Estados Unidos y reemplazarla con una percepción humanista de la historia de que "Estados Unidos es malvado".

- *arrido socialista del gobierno federal:* El barrido socialista ha estado creciendo durante mucho tiempo, pero se volvió muy claro y completo en las elecciones presidenciales federales de 2020. El Partido Demócrata de hoy es muy diferente del Partido Demócrata de hace apenas unas décadas. La diferencia es tan grande que el partido sólo puede llamarse racionalmente Partido Socialista. Sin embargo, todavía es útil llamarlo Partido Demócrata, porque el nombre tiene valor de marca para su base de votantes.

La conclusión se vuelve ineludible simplemente comparando algunas citas de los líderes del Partido Demócrata de antaño con los líderes de hoy. Considere, 1) "... los derechos del hombre no provienen de la generosidad del estado, sino de la mano de Dios." *Presidente John F. Kennedy*, 2) "El objetivo principal del gobierno estadounidense en todos los niveles debería ser asegurar que los niños nazcan en familias intactas y que sigan siéndolo". *Senador Daniel Patrick Moynihan*, y 3) "La libertad es el virus más contagioso conocido por el hombre." *Senador y vice presidente, Hubert Humphrey*. Los líderes demócratas de hoy, *Nancy Pelosi*, portavoz de la Cámara, *Chuck Schumer*, líder de la mayoría del Senado, *Gavin Newsome*, gobernador de California, *Andrew Cuomo*, gobernador de Nueva York, y muchos otros no pudieron apoyar honestamente y en conciencia las citas de los partidos de su partido. líderes anteriores.

- *La pandemia de COVID-19 (virus de China) utilizada por los gobernadores para cerrar inconstitucionalmente o restringir demasiado las iglesias.* Por ejemplo, muchas jurisdicciones cerraron iglesias, al tiempo que permitieron que los bares y clubes de striptease permanecieran abiertos. Este es solo un ejemplo de ataques políticos progresistas, socialistas, cada vez más abiertos, agresivos y autoritarios, contra el cristianismo y los lugares de culto. Las variantes mutantes emergentes de COVID-19 pueden convertirse en una excusa para endurecer o extender los bloqueos, especialmente en los estados liberales.

- *Las redes sociales de alta tecnología se convierten en "Maestros del Universo" autoproclamados.* Apple, Twitter, Facebook, YouTube y otros censuran el "discurso" al que se oponen. Han cerrado cuentas individuales y de organizaciones, así como publicidad severamente controlada. Los motores de búsqueda como Google sesgan deliberadamente los algoritmos de búsqueda para favorecer las opiniones y los políticos que apoyan y enterrar de manera efectiva a los que no apoyan.

Todas las empresas de redes sociales más grandes y poderosas apoyan la cosmovisión socialista. Estas organizaciones atacan visiblemente y con fuertes prejuicios la libertad de expresión. Aunque la libertad de expresión de las personas está protegida de las represalias del gobierno, tales protecciones no se aplican a las organizaciones empresariales, al menos por ahora. Las empresas de redes sociales están llevando a cabo un golpe de estado de alta tecnología. La verdad es una víctima inmediata y grave, porque en la mentalidad progresista / socialista / humanista no hay una verdad objetiva.

A pesar del precipitado declive de la cultura estadounidense, todavía hay alivio y esperanza para los que sufren del socialismo.

CAPÍTULO OCHO

BUENAS NOTICIAS PARA LOS QUE SUFREN DEL SOCIALISMO

"... Se regocijen todos los que en ti confían; griten siempre de júbilo, porque tú los defiendes; también los que aman tu nombre se regocijen en ti." [*Salmo 5:11 RV*]

L a tendencia de las últimas siete décadas junto con la barrida socialista (demócrata) de las elecciones de 2020 sugiere profundamente que Estados Unidos se dirige hacia el cautiverio del socialismo, si es que no lo está ya. Compare los Estados Unidos actuales con la experiencia de los antiguos israelitas.

El amor infinito e incondicional de Dios

El Señor dijo que estaba enviando al pueblo de Judá al cautiverio de los babilonios, por su propio bien. ¿Como puede ser? El cautiverio puede ser terriblemente duro. Sin embargo, considere este pasaje del libro de Jeremías:

Vino a mí palabra de Jehová, diciendo: Así ha dicho Jehová, Dios de Israel; Como estos buenos higos, así reconoceré a los que fueron llevados cautivos de Judá, a quienes envié de este lugar a la tierra de los caldeos para su bien. Porque pondré mis ojos sobre ellos para bien, y los traeré de nuevo a esta tierra; y los edificaré, y no los derribaré; y los plantaré, y no los arrancaré. Y les daré un corazón para que me conozcan, que yo soy el Señor; y ellos serán mi pueblo, y yo seré su Dios, porque volverán a mí con todo su corazón. [Jeremías 24: 4-7 KJV]

La condenación de Judá por parte del Señor fue tan severa que incluso proclamó que pelearía del lado de los babilonios paganos. *[Jeremías 21: 5-7 RV]* Sin embargo, sigue animando a los judíos a vivir bien en cautiverio. "Edifica casas y habita en ellas; y plantar huertos, y comer de sus frutos. Toma mujeres y engendra hijos e hijas; y tomad mujeres para vuestros hijos, y dad vuestras hijas a maridos, para que den a luz hijos e hijas; para que allí aumentes y no disminuyas." *[Jeremías 29: 5-6 RV]*

Para mayor estímulo, el Señor agregó que estaría con ellos durante su cautiverio: "Y buscad la paz de la ciudad a la cual os hice llevar cautivos, y rogad al Señor por ella; porque en la paz de ella tienes paz". *[Jeremías 29: 7 RV]* El Señor pone aún más ánimo, "Porque yo sé los pensamientos que pienso hacia ti, dice el Señor, pensamientos de paz, y no de mal, para darte un final esperado ... Me apartaré tu cautiverio ... y te llevaré de nuevo al lugar de donde te haré llevar cautivo." *[Jeremías 29: 11 y 14 KJV]*

No todos los judíos fueron al cautiverio; algunos se quedaron atrás. Como para subrayar el papel especial de los cautivos, el Señor envió al ejército babilónico de regreso a Jerusalén por segunda vez para matar a todos los que quedaron atrás. De hecho, el Señor había elegido a los cautivos para que fueran salvos. *[Jeremías 29:16 y 21 KJV]*

En general, el Señor le dijo al pueblo de Judá que,

- El cautiverio fue por su propio bien.

- Durante el cautiverio, vivirían normalmente como individuos y familias.
- Su cautiverio sería pacífico.
- Después del cautiverio, regresarían a salvo a su hogar.

El pueblo de Judá podía esperar todo este trato favorable, a pesar de haberse convertido en un pueblo de dura cerviz que regularmente cometía toda la gama de actos viles condenados por el Señor como "abominaciones". Este es uno de los actos de amor incondicional más bellos del universo. Después de todo, "Dios es amor." [*1 Juan 4:16*]

Hoy, el amor duro del cautiverio del socialismo puede beneficiar al cuerpo de los creyentes judeocristianos de al menos ocho formas:

1. El Señor retira temporalmente Su bendición para que podamos apreciarlo más.
2. Más personas llegan a conocer a Jesús durante los períodos de persecución que durante la prosperidad.
3. Las iglesias se hacen más fuertes. Los creyentes falsos y débiles tienden a irse.
4. Los nuevos cristianos que ingresan tienden a tener una fe más fuerte y activa, impulsada por las presiones del "cautiverio".
5. Más personas buscan la religión. Las consultas aumentan a medida que la gente desea el amor y la paz del cristianismo. "Pero por su maldad ha venido la salvación a los gentiles para darles celos". [*Romanos 11:11 NKJV*] "... si de alguna manera puedo provocar a celos a los que son mi carne y salvar a algunos de ellos." [*Romanos 11:14 NKJV*]
6. El testimonio cristiano de los creyentes se hace más visible. La llama de una vela es difícil de ver a la luz del sol. En

contraste, la llama de la vela arde intensamente en la oscuridad del socialismo.

7. La fe de los verdaderos cristianos se fortalece bajo coacción.
8. El testimonio cívico de los cristianos se hace más visible. "Me ha enviado a proclamar la libertad a los cautivos ..." [*Lucas 4:18 ESV*] "El fuego sagrado de la libertad [ha sido] ... confiado a las manos del pueblo estadounidense." *Presidente George Washington*, discurso inaugural, 30 de abril de 1789.

Matthew Henry, en su comentario sobre el capítulo 11 de Ezequiel, observó: "Es mejor estar en Babilonia [sujeto al socialismo] bajo el favor de Dios que en Jerusalén [la tierra prometida] bajo su ira y maldición".

Recuerde que el socialismo es una victoria temporal de la "sabiduría" profundamente defectuosa del hombre sobre la verdadera y perfecta sabiduría de Dios. El socialismo NO es sostenible; eventualmente colapsará bajo su propio peso hinchado y la carrera desenfrenada hacia la bancarrota. Recuerde siempre, Jesús ganó la batalla espiritual en la cruz; Él prevalece sobre todas las batallas terrenales, usándolas para Su honor y gloria; Gana la batalla final a su regreso.

No puede haber compromiso con el mal. Espiritualmente, cualquier desviación del bien de Dios es en sí misma mala. Políticamente, cuando los partidos se polarizan en torno al bien y al mal, cualquier intento de compromiso significa darle al mal solo una parte de lo que el partido quiere. Regresarán por el resto más tarde tantas veces como sea necesario.

El verdadero gozo no procede de otra fuente que de Dios y su protección. Las vanas sombras de este mundo, incluido el cautiverio del socialismo, no pueden engañarnos cuando nos refugiamos bajo las alas de Dios. "… Se regocijen todos los que en ti confían; griten siempre de júbilo, porque tú los defiendes; también los que aman tu nombre se regocijen en ti". [*Salmo 5:11 RV*]

Dios siempre tiene un "remanente" fiel; ese es USTED si es un verdadero creyente en Jesús como el Mesías. El SEÑOR dijo: De cierto le irá bien a tu remanente; de cierto haré que el enemigo te ruegue bien en el tiempo del mal y en el tiempo de la aflicción. [*Jeremías 15:11 RV*]

Unidad de América

El lema nacional de Estados Unidos, "E Pluribus Unum", de muchos uno, tiene sus raíces en **Romanos 12: 5 KJV**, "Así que, siendo muchos, somos un cuerpo en Cristo, y cada uno es miembro el uno del otro". Tal era reafirmado por **George Whitefield** diciendo: "*El Espíritu de Dios es el centro de la unidad*" y "El cristianismo (y Estados Unidos) nunca florecerá hasta que todos tengamos un solo corazón y una sola mente".

En el tercer verso del Himno La batalla de la República, **Julia Ward Howe** escribió: "Como traten con mis condenadores (despreciadores, burladores), así lo hará con ustedes mi gracia".

"Conozco a millones que me dicen que se sienten desmoralizados por la decadencia que nos rodea. ¿Dónde está la esperanza? La esperanza que tenemos cada uno de nosotros no está en quién nos gobierna, ni en las leyes que se aprueban, ni en las grandes cosas que hacemos como nación. Nuestra esperanza está en el poder de Dios obrando a través de los corazones de las personas, y ahí es donde está nuestra esperanza en este país; ahí es donde está nuestra esperanza en la vida."
Chuck Colson

Este fue predominantemente el caso hasta alrededor de 1960. Desde entonces se permitió que la cuña del diablo dividiera a Estados Unidos debido a la doble aceptación de la teoría de la evolución y la evolución percibida (flexibilidad, es decir, cambio-con-los-tiempos) de la Constitución. Considere los comentarios *del presidente Harry S. Truman* un poco antes.

"El Libro de Esdras describe la reconstrucción del templo en Jerusalén después del largo cautiverio en Babilonia. ... El escritor describe a la gente gritando con gran grito cuando se echaron los cimientos del nuevo templo. ... Algunos de los de la multitud, especialmente los ancianos, no gritaron. Lloraron. ... Estos fueron los hombres que recordaron todos los sacrificios– todo el sufrimiento de todo el pueblo–lo que su pueblo había sufrido durante el cautiverio. Sabían que estos sacrificios no se habían hecho en vano. Se dieron cuenta de que, a pesar de todos sus problemas y frente a dificultades abrumadoras, su fe había prevalecido. Y por eso estaban demasiado conmovidos para gritar; lloraron de alegría. Dieron gracias a Dios 'porque él es bueno, porque su misericordia es para siempre'. (*Salmo 136: 1 RV*)" *Presidente Harry S. Truman*, 1951

"La sociedad está formada por hombres, que a menudo son débiles, egoístas y pendencieros. Y, sin embargo, los hombres son hijos de Dios. Los hombres tienen dentro de sí la chispa Divina que puede conducirlos a la verdad, al desinterés y al valor para hacer lo correcto. Los hombres pueden construir una buena sociedad si siguen la voluntad del Señor. Nuestra gran nación se fundó sobre esta fe. Nuestra Constitución y todas nuestras mejores tradiciones descansan sobre una base moral. ... El mayor obstáculo para la paz es una tiranía moderna liderada por un pequeño grupo que ha abandonado su fe en Dios. Estos tiranos han abandonado las creencias éticas y morales. Creen que solo la fuerza hace lo correcto. Están buscando agresivamente expandir el área de su dominio. Nuestro esfuerzo por resistir y superar esta tiranía es esencialmente un esfuerzo moral". **Presidente Harry S. Truman**, Universidad Gonzaga 1950

Hace cinco siglos, **Juan Calvino** ofreció un poderoso estímulo.

"Cuando nuestras mentes estén agitadas por diversas conmociones, descansemos confiadamente, sabiendo que no importa cuánto se enfurezca el mundo contra Cristo, nunca podrán arrojarlo de la diestra del Padre. Además, debido a que él no reina por su propia cuenta, sino por nuestra salvación, podemos estar seguros de que seremos protegidos y preservados de todos los males bajo la tutela de este Rey invencible. Sin duda nuestra condición en este mundo incluirá muchas dificultades, pero la voluntad de Dios es que el reino de Cristo esté rodeado de muchos enemigos, y su propósito es mantenernos en un estado de guerra constante. Por lo tanto, nos conviene ejercitar la paciencia y la mansedumbre, y, seguros de la ayuda de Dios, considerar con valentía la furia del mundo entero como nada." [Comentario de **Juan Calvino** sobre el Salmo 110: 2].

Los socialistas perturban nuestras almas. Te pondrán a prueba en cuanto a tu miedo al futuro. Sin embargo, hay consuelo disponible, sabiendo que cada evento es producto de la providencia de Dios; ni un gorrión ni mucho menos un santo cae al suelo por pobreza, enfermedad o persecución, pero la mano de Dios está en él. Dios ha prometido que nunca te dejará ni te desamparará (**Hebreos 13: 5**). Dios les enseñará a sus siervos todo lo que necesitan saber. En el primer momento de su vida espiritual, se infundió en usted la gracia sufriente y la gracia de oración. Por último, Dios en sabiduría oculta los consuelos que tiene la intención de darte en las distintas etapas de tu vida, para que pueda animar tu corazón a depender plenamente de sus promesas fieles ahora. "Obrando en nosotros lo que agrada a sus ojos". [*Hebreos 13:21 ESV*]

A pesar de las predicciones periódicas y ominosas de líderes conocidos dentro del cuerpo de creyentes, Y aquellos en cargos públicos electos, el colapso de la cultura estadounidense en los últimos 70 años ha estado casi más allá de la comprensión. El colapso es ahora tan completo que los únicos remedios que quedan son el regreso de Jesucristo, comúnmente llamado Segunda Venida, o un gran despertar entre los creyentes, similar al Gran Despertar que proporcionó la fuerza impulsora de la Guerra de Independencia. Históricamente, tales despertares siempre comienzan dentro de la Iglesia.

CUALQUIER DESPERTAR PRÓXIMO COMIENZA CONTIGO.
¡DEBES ESTAR EN LA BATALLA!

Capítulo nueve

¡USTED DEBE ESTAR EN LA BATALLA!

———————— ≈ ————————

"... si los cimientos son destruidos, ¿qué pueden hacer los justos?" [*Salmo 11: 3 Español*]

En el momento en que fui salvo, fui liberado de la terrible esclavitud involuntaria del pecado de Satanás y me convertí en un esclavo voluntario del Dios infinitamente amoroso y misericordioso. DEBO estar dispuesto y ser capaz de hacer lo que Dios me indique, en cualquier momento.

La esclavitud del pecado de los secularistas se está volviendo cada vez más visible a medida que niegan con crueldad saña la realidad de la verdad y los valores o incluso la existencia de Dios. Su incesante búsqueda de poder, prestigio y dinero alimenta su orgullo, alejándolos de Dios. Los cristianos modernos DEBEN despertar de su letargo espiritual y hacer visible su testimonio.

"Dios concede libertad solo a quienes la aman y siempre están dispuestos a protegerla y defenderla". **Senador Daniel Webster,** *3 de junio de 1834*

América perdió su primer amor

America hoy está recogiendo la dolorosa cosecha de la semilla contaminada que sembro hace décadas. Como la iglesia primitiva en Éfeso [Apocalipsis 2: 4] América ha perdido su primer amor, el amor de Dios. El regocijo y la tribulación de fundar una nueva nación, basada en el amor de Dios y Su asombroso regalo de la libertad, se han desvanecido en el pasado. Nos hemos olvidado de Dios. Hemos

> "Siempre que los pilares del cristianismo sean derrocados, nuestras actuales formas republicanas de gobierno, y todas las bendiciones que fluyen de ellas, deben caer con ellas".
> *Fundador Jedidiah Morse*

olvidado que Estados Unidos ha sido grandioso, no porque la gente sea grandiosa, sino porque Dios es grandioso. A medida que se ignora cada vez más a Dios o se racionaliza su existencia, su mano bondadosa de bendición se retira cada vez más.

Estamos rodeados de maldad. La guerra contra el mal y Satanás nunca termina hasta que Jesús arroja a Satanás al lago de fuego [*Apocalipsis 20:10*]. Siempre que los cristianos o la Iglesia se vuelven espiritualmente perezosos, el mal gana por defecto. NUNCA DEBEMOS reducir la velocidad o dejar de pelear la batalla. Solo el pueblo de Dios puede finalmente restaurar la grandeza de Estados Unidos. Ore para que el Señor nos devuelva a los valores judeocristianos responsables del amor y la cohesión de la cultura estadounidense. Con la ayuda del poder del Espíritu Santo, perseveraremos. "Miguel y sus ángeles lucharon contra el dragón; y el dragón y sus ángeles lucharon". [*Apocalipsis 12: 7*]

"Independientemente de las cosas, Dios es el Señor nuestro Dios, nuestro Santo. Somos un pueblo ofensivo, él es un Dios ofendido, sin embargo, no abrigaremos malos pensamientos acerca de Él ni de su servicio. Es un gran consuelo que, sea cual sea la maldad que los hombres diseñen, el Señor se propone el bien, y estamos seguros de que su consejo lo hará. pararse. Aunque la maldad prospere por un tiempo, Dios es santo y no aprueba la maldad. ... Recordemos (también), cualesquiera que sean las ventajas que poseamos, debemos darle toda la gloria a Dios." *Matthew Henry*, Comentario de la Biblia de Matthew Henry

> "No tenemos un gobierno armado con un poder capaz de enfrentarse a las pasiones humanas desenfrenadas por la moral y la religión. La avaricia, la ambición, la venganza o la valentía romperían las cuerdas más fuertes de nuestra Constitución como una ballena atraviesa una red. Nuestra Constitución fue hecha solamente para un pueblo moral y religioso. Es totalmente inadecuado para el gobierno de cualquier otro."
> *Presidente John Adams,* 11 de octubre de 1798

> "Creo que es necesario un gobierno general para nosotros, y no existe una forma de gobierno, pero eso puede ser una bendición para la gente si se administra bien, y creo además que es probable que esto se administre bien durante un período de años, y solo puede terminará en despotismo, como otras formas lo han hecho antes, cuando el pueblo se corrompe tanto que necesita un gobierno despótico, siendo incapaz de cualquier otro".
> *Benjamin Franklin,* 17 de septiembre de 1787, último día de la Convención Constitucional

Toda controversia cultural tiene sus raíces en el continuo movimiento nacional para desterrar a Dios. Los cristianos son notoria, conspicua y asombrosamente silenciosos y ausentes de la batalla.

Durante más de 60 años, la moralidad y la espiritualidad se han regido por el gobierno de las minorías. El más restrictivo "violar los derechos de los demás" se ha ampliado a la mera posibilidad de ofender a alguien de alguna manera, en algún lugar del universo.

Los ministros DEBEN hacer brillar la luz de Dios sobre TODO el bien y el mal en TODAS las áreas de la vida, incluida la arena política.

SI LOS MINISTROS NO LOGRAN HACER BRILLAR LA LUZ DE DIOS SOBRE TODAS LAS FORMAS DE MALDAD, ES POCO PROBABLE QUE ALGUIEN MÁS LO HAGA TAMPOCO. LOS CREYENTES SIGUEN A SUS LÍDERES.

El caos político de hoy es la vara de Dios para llamar nuestra atención. No hay otro remedio que la gracia de Dios.

¡Los creyentes DEBEN liderar el camino! DEBEN estar en la batalla. Los creyentes judeocristianos son la conciencia de América. Cuando los creyentes guardan silencio, Estados Unidos no tiene conciencia. Estados Unidos necesita campeones, no anotadores. Deléitese con la Palabra de Dios y edifique su fe. ¡Entonces entra en la pelea!

Fuerza espirituales defienden la libertad y un gobierno constitucional duradero. El compromiso espiritual debe preceder al compromiso cívico o político. Toda acción gubernamental que se aleja de Dios avanza hacia el socialismo.

¡Advertencia! "La decadencia de la virtud en una nación trae como consecuencia la decadencia de todo lo demás y cuando los vecinos se devoran unos a otros, es justo que Dios traiga enemigos (humanistas) sobre ellos para devorarlos a todos." *Matthew Henry*, Comentario de la Biblia de Matthew Henry

Dios ruega nuestro regreso mientras aún hay tiempo

"Da gloria al Señor tu Dios, antes que traiga tinieblas, y antes de que tus pies tropiecen con los montes crepusculares, y mientras tú buscas la luz, él la convertirá en tinieblas y las convertirá en tinieblas". [Jeremías 13:16 ESV]

Para estabilizar la cultura nacional de Estados Unidos, basada en los mandamientos unificadores de Dios, **Abraham Lincoln** recomendó con urgencia y enérgicamente:

"Que todo americano, todo amante de la libertad, todo simpatizante de su posteridad, jure por la sangre de la Revolución, nunca violar en lo más mínimo las leyes del país; y nunca tolerar su violación por parte de otros. Como lo hicieron los patriotas de los setenta y seis con el apoyo de la Declaración de Independencia, así como con el apoyo de la Constitución y las Leyes, que cada estadounidense prometa su vida, su propiedad y su sagrado honor; que cada hombre recuerde que violar La ley es pisotear la sangre de su padre y destrozar el carácter de él mismo y la libertad de sus hijos.

Que la reverencia por las leyes, sea respirada por todas las madres americanas, al bebé que cecea, que parlotea en su regazo; que se enseñe en las escuelas, seminarios y universidades; que se escriba en Primers, libros de ortografía y en Almanaques: que se predique desde el púlpito, se proclame en las salas legislativas y se haga cumplir en los tribunales de justicia. Y, en fin, que se convierta en la religión política de la nación; y que los viejos y los jóvenes, los ricos y los pobres, los afligidos y los alegres, de todos los sexos y lenguas, colores y condiciones, sacrifiquen incesantemente sobre sus altares". **Presidente Abraham Lincoln**, Discurso del Liceo de Hombres Jóvenes, 27 de enero de 1838 [énfasis agregado]

Para estabilizar el cuerpo de creyentes, Dios ordena:

Amarás al Señor tu Dios con todo tu corazón, con toda tu alma y con todas tus fuerzas. Y estas palabras que te mando hoy estarán en tu corazón. Las enseñarás diligentemente a tus hijos y hablarás de ellas cuando te sientes en tu casa, cuando andes por el camino, cuando te acuestes y cuando te levantes. Las atarás como una señal en tu mano ... Las escribirás en los postes de tu casa y en tus puertas ... luego ten cuidado de no olvidar al Señor ..." [*Deuteronomio 6: 5-9 y 12 ESV*]

"Estos hombres que han trastornado el mundo también han venido aquí. ... Todos actúan en contra de los decretos de César, diciendo que hay otro rey, Jesús." [*Hechos 17: 6-7 ESV*].

"Bienaventurados todos los que en él buscan refugio" [*Salmo 2: 12b ESV*]. En Babilonia, *"... Daniel resolvió que no se contaminaría ..."* [*Daniel 1: 8 ESV*]

"... La religión cristiana es lo más importante y una de las primeras cosas en las que todos los niños, bajo un gobierno libre, deben ser instruidos... Ninguna verdad es más evidente para mi mente que la religión cristiana debe ser la base de cualquier gobierno previsto para asegurar los derechos y privilegios de un pueblo libre."
Noah Webster

¿Estás *a las puertas de la salvación?*¿Luchas por tener fe o no? Antes de seguir leyendo, deténgase un momento y asegúrese de su salvación. ¡Adelante! Sal de las tinieblas y entra en la tierra de los vivientes. Permite que la fe haga su obra perfecta en ti y forme a Cristo en tu corazón. ¿Creería, pero se da cuenta de que ha sido un pecador? Cristo vino a salvar a los pecadores. ¡Oh, dices, pero mis pecados son escandalosos! ¿No dijo Cristo: "Todo es posible para el que cree?" [*Marcos 9:23 ESV*]. ¿No son todas tus faltas fácilmente perdonables con infinita misericordia?

Presta atención al orgullo que viene con la ropa de la humildad. "El orgullo va antes que la destrucción, y el espíritu altivo antes de la caída" [*Proverbios 16:18 ESV*] se aplica tanto a los creyentes como a los incrédulos. El orgullo cultural generalizado ha permitido y facilitado la caída de la cultura estadounidense. Viene la creencia, luego la reforma. Sal de la maleza nadando y aférrate a Cristo. Ponga ante sus ojos a Cristo y su promesa de recibir a todos los que verdaderamente deseen el precio de su sangre. Hoy se te ofrece la salvación. Pasa de la muerte a la vida y escribe este día tu cumpleaños espiritual. Por la fe eres hecho hijo de Dios para siempre. "Cree en el Señor Jesús y serás salvo." [*Hechos 16:31 ESV*] Expresa esa creencia ahora mismo en oración, arrepintiéndote de las malas acciones de tu vida y pidiéndole a Jesús el Mesías que se haga cargo y guíe tu vida de ahora en adelante.

Plan de acción vital y urgente de los creyentes

COMPROMETERSE Y REALIZAR ESFUERZOS CONTINUOS, VIGOROSOS Y DE ALTA PRIORIDAD PARA 1) VIVIR EXACTAMENTE COMO DIOS QUISO Y 2) SER VISIBLEMENTE VOCAL SOBRE AMAR A TODOS LOS DEMÁS Y EXPONER COMPORTAMIENTOS Y ESTILOS DE VIDA ESCANDALOSOS Y NO BÍBLICOS. INDEPENDIENTEMENTE DE LAS CONSECUENCIAS.

¡Destruye la viga de tu propio ojo !

En el conocido Sermón de la Montaña, Jesús ordena enérgicamente: "Hipócrita, primero saca la viga de tu propio ojo, y luego verás claramente para sacar la paja del ojo de tu hermano." [*Mateo 7: 5 ESV*] ¿Cómo hacemos eso? Primero, considérelo con espíritu de oración y consideración, reflexione con cuidado y, finalmente, comprométase irrevocablemente con las siguientes acciones. Los compromisos deben saturar todos los ámbitos de la vida. Una segunda lista de compromisos aborda la eliminación de la mota de los ojos de los demás.

Comprometerse a ponerse la armadura completa de Dios todos los días: La mayoría de la gente se despierta por la mañana y se pone la ropa física. Nadie pensaría siquiera en salir desnudo de la casa. Aún más importante es ponerse la ropa espiritual, llamada bíblicamente la "armadura completa de Dios". Cada día de esta vida es una batalla por la supervivencia y la protección de nuestras familias en un mundo caído. En muchos aspectos, vivimos en territorio enemigo; nuestro hogar está en el cielo. "... He sido un extraño en una tierra extraña". *[Éxodo 2:22 RV]* No pensaríamos en ir a la batalla sin armas y la mejor protección disponible. Considere cómo Dios quiere vestirlo y protegerlo a USTED:

"Por tanto, tomen toda la armadura de Dios para que puedan resistir en el día malo, y habiendo hecho todo, estar firmes. Estad, pues, firmes, abrochados el cinturón de la verdad, y revestidos con la coraza de justicia, y como calzado para vuestros pies, habiéndonos puesto la prontitud dada por el evangelio de la paz. En toda circunstancia toma el escudo de la fe, con el cual puedes apagar todos los dardos encendidos del maligno ... y toma el yelmo de la salvación, y la espada del Espíritu, que es la palabra de Dios, orando en todo momento en el Espíritu ..." *[Efesios 6: 13-18 ESV]*

Nunca salgas de casa espiritualmente desnudo. La mayoría de los creyentes han escuchado un sermón ocasional sobre la armadura de Dios, pero eso no es suficiente. Cada mañana, vístase con su ropa física Y, con atención y oración, vístase con su armadura espiritual. Note que la espada del Espíritu es la única pieza de armadura ofensiva, es decir, la única arma.

Jesús ya no es el Cordero de Dios. Hoy, él es su Rey, su Sacerdote y su Abogado. Mientras caminaba por la tierra entre los hombres, siempre estaba adornado con el cinto (cinto) de la verdad. Siguiendo su ejemplo supremo, DEBEMOS llevar siempre puestas las verdades de Dios fuertemente atadas a nuestro alrededor. Ahora no es un momento de tranquilidad. Es una temporada de servicio y guerra. Las verdades de Dios incrustadas profundamente en nuestra alma nos protegen de todas las tentaciones. Las tentaciones obvias son relativamente fáciles de evitar. Las verdades de Dios nos protegen de las más sutiles como el egoísmo, el engaño, la omisión, la codicia y la dureza del corazón.

Como creyente, debe conocer la Palabra de Dios para blandir la espada del Espíritu. No hay sustituto para un momento devocional vibrante con el Señor. Para obtener más ayuda, consulte "El cristiano con armadura completa", de William Gurnall. El tomo es en realidad un conjunto de tres volúmenes. Que no cunda el pánico, los libros son del tamaño de un manual y son fáciles de leer y divertidos. El conjunto es publicado por Banner of Truth Trust. *Charles Spurgeon* comentó: "El trabajo de Gurnall es incomparable e invaluable; cada línea está llena de sabiduría;

> "Los estadounidenses combinan las nociones de cristianismo y de libertad tan íntimamente en sus mentes, que es imposible hacerles concebir el uno sin el otro ... Trajeron consigo al Nuevo Mundo una forma de cristianismo que no puedo describir mejor que por calificándola como una religión democrática y republicana ... Por lo tanto, el cristianismo ha conservado un fuerte arraigo en la mente del público en Estados Unidos ... En los Estados Unidos ... El cristianismo en sí es un hecho tan irresistiblemente establecido, que nadie se compromete a atacarlo ni a defenderlo".
> *Alexis de Tocqueville,*
> Observador francés,
> Democracy in America
> (1835)

cada frase es sugerente ... A menudo he recurrido a ella cuando mi propio fuego ha estado menguando, y rara vez he fallado en encontrar un carbón encendido en el hogar de Gurnall".

Comprométase a un tiempo devocional diario rico y persistente con el Señor: No hay sustituto para un encuentro diario con el Señor. Es un buen momento para recibir "pedidos de la sede". La reunión puede ser en cualquier momento, pero parece funcionar bien para muchas personas temprano en la mañana. Es la fuente fundamental de 1) un amor creciente por Jesús, 2) disfrutar de la fuente de una relación maravillosamente rica con Dios, y 3) recibir el poder del Espíritu Santo para afrontar el día. Si se hace bien y con regularidad, el tiempo devocional se vuelve emocionante.

Empiece por leer un capítulo o más de la Biblia. Un comentario confiable, como el Comentario de Matthew Henry, puede resultar útil. Leer, tomar notas, orar, meditar. Complemente la Biblia con otros materiales devocionales confiables, a menudo formateados para leer una página al día.

"Es una buena regla, después de leer un libro nuevo, no permitirse nunca otro nuevo hasta que haya leído uno antiguo en el medio." *C.S. Lewis*, Dios en el muelle (1970). La raíz de la observación de *C.S. Lewis* es que, no importa cuán venerados puedan ser los autores actuales, todos están sujetos a las influencias y prejuicios de la cultura moderna. De manera similar, los autores históricos estaban sujetos a los sesgos de sus culturas. Leer libros a lo largo de un amplio período de tiempo permite compensar en gran medida los prejuicios culturales. Considere los escritos de personajes históricos como *Charles Spurgeon, George Whitefield, John Calvin, Jonathan Edwards* y *Thomas* à *Kempis*. Muchas de sus obras han sido formateadas para devocionales diarios.

En los últimos 50 años, ha habido un redescubrimiento de un tesoro de escritos particularmente ricos por predicadores puritanos. A diferencia del estereotipo popular, sus escritos son siempre expresiones de amor y nunca legalistas. En realidad, eran vestidores coloridos, tenían un sentido del humor vibrante y sabían cómo hacer una buena fiesta. Fueron apartados por la profunda convicción de que toda la vida es sagrada. No vieron ninguna división entre lo sagrado y lo secular.

El movimiento puritano disfrutó de millones de seguidores, desde el siglo XVI al menos hasta el siglo XIX. A partir de 1620, un número relativamente pequeño dejó todo atrás en las Islas Británicas para establecerse en América. El presidente **John Quincy Adams** fue apodado el último puritano de este lado del océano Atlántico; **Charles Spurgeon** recibió el mismo apodo en el otro lado. Banner of Truth Trust ha publicado muchos devocionales puritanos. Independientemente de los materiales que elija, su tiempo con el Señor es el momento más importante del día.

Comprométete a amar a Jesús o a estudiar las Escrituras hasta que lo hagas: ¿Cómo ama un creyente a Jesús que no puede ser visto, tocado o apreciado con ninguno de los sentidos físicos? Amar a un cónyuge, hijos, amigos o compañeros de trabajo es comprensible, pero ¿cómo amas a alguien a quien no puedes ver? Es una pregunta que a menudo se hace mentalmente, pero rara vez verbalmente, por temor a la vergüenza. La respuesta puede sorprenderte. Amar a Jesús se vuelve cada vez más fácil a medida que aprendes más sobre Él en las Escrituras y desarrollas un profundo aprecio por todo lo que Él ha hecho por ti.

Por supuesto, un aprecio tan profundo presupone la inspiración e infalibilidad del Espíritu Santo de las Escrituras. La mayoría de los creyentes han escuchado los argumentos que apoyan la inspiración de las Escrituras; no se repetirán aquí. A pesar de saber que la Biblia es la Palabra de Dios, algunas personas todavía encuentran difícil o incluso aburrido leer la Biblia, pero rara vez están dispuestos a admitirlo abiertamente. Sigue leyendo de todos modos. Cuando el conocimiento de Jesús llega a lo profundo del alma, el Espíritu Santo parece presionar un interruptor figurativo, iluminando la luz brillante del entendimiento. La verdadera riqueza de las Escrituras nunca más se ve comprometida. Considere una analogía de la vieja serie de televisión de éxito, Little House on the Prairie.

> "Tome la Palabra de Dios por la mañana y piense... le ayudará durante todo el día... Desde que comencé a estudiar la Biblia, mi fe ha ido creciendo. No pueden familiarizarse con estas promesas y alimentarse de ellas sin que su fe se fortalezca ... La Biblia es como un álbum ... Amigos míos, si leen sus Biblias, encontrarán allí sus propias imágenes."
> **D.L. Moody,** Ecos desde el púlpito (1900)

> "Una regla que he tenido durante años es tratar al Señor Jesucristo como a un amigo personal. No es un credo, una mera doctrina vacía, pero es Cristo mismo lo que tenemos. En el momento en que recibamos a Cristo, deberíamos recibirlo como un amigo ... Así que hay un hilo escarlata que recorre toda la Biblia: todo el libro apunta a Cristo."
> **D.L. Moody,** Historias de Moody (1899)

Cuando las chicas protagonistas estaban al final de la edad de la escuela primaria, Laura Ingalls Wilder y su hermana Mary estaban en el desván de la cabaña, preparándose para acostarse. Laura estaba leyendo; Mary le preguntó qué estaba leyendo. Laura respondió: "historia". Mary, "Pensé que odiabas la historia". Laura, "Asi es". Mary preguntó: "Entonces, ¿por qué estás leyendo historia?" Laura respondió: "Es un pecado odiar la historia. Seguiré leyendo hasta que me guste". Así sucede con la Biblia. Sigue leyendo; la luz se encenderá y a partir de ese momento te va a gustar.

John Flavel observó: "Cristo Jesús se paro completamente aparte para los creyentes. Podemos decir, 1) Señor, la condenación fue tuya, para que la justificación sea mía; 2) Tuya fue la agonía y mía la victoria; 3) El dolor era tuyo y la tranquilidad es mía; 4) Las llagas eran tuyas y las mías la sarviedad curativas; 5) Tuyo eran vinagre y hiel, y la miel y la dulzura eran mías; 6) La maldición fue tuya y la bendición mía; 7) Una corona de espinas era tuya, para que la corona de gloria fuera mía; 8) ¡Tuya era la muerte y mía la vida eterna! Si Jesús se apartó completamente para los creyentes, cuán razonable es que los creyentes se aparten para Cristo. Dejó los mayores goces en el seno de su Padre, para apartarse a sí mismo para la muerte y el sufrimiento por ustedes." [*Obras, I: 101-103*] El apóstol Pablo suplicó: "Por tanto, hermanos, os suplico por la misericordia de Dios, presentar vuestros cuerpos como sacrificio vivo, santo y agradable a Dios, que es vuestro culto spiritual." [*Romanos 12: 1 ESV*]

La fe es el fundamento de todas las cosas piadosas. El amor puede hacer que los creyentes progresen más rápido, pero la fe "engrasa los patines". Todos los creyentes deben codiciar una gran fe. No debemos mezclar el oro de la fe con la escoria de la confianza humana. Dios es la Roca de las Edades y el ancla de todo.

Comprometerse a orar fervientemente con regularidad: Somos llamados "hijos de Dios". [*1 Juan 3: 1, 2*] ¡Qué honor! Qué amor tan extraordinario tiene Dios por nosotros. Qué amor debemos mostrarle a cambio. La fe en Cristo lo hace fácil. Cuando oramos, simplemente estamos devolviendo una parte del amor que Dios ya nos ha dado. Ore con frecuencia y con fervor; no olvide hacer una pausa de vez en cuando y "escuchar". Las mayores percepciones de Dios a menudo surgen al escuchar. Ningún despertar espiritual, personal o cultural, ocurre sin una oración ferviente y regular.

Dios ya conoce TODAS tus necesidades. Pero Él insiste en que pidas Su gracia y confieses tus pecados, porque hacerlo llama tu atención a la enormidad de la brecha infinita entre Él y tú, puenteada por Jesús. Pedir y confesar también reconoce una total dependencia de Él, facilita el crecimiento del carácter y glorifica Su nombre. Cuando estás prestando atención, Jesús dice continuamente: "Ven a mí." [*Mateo 11:28 ESV*] Cuando le das la espalda, Él pregunta: "¿Dónde estás?" [*Génesis 3: 9 ESV*]

Las oraciones se escuchan instantáneamente; tus lágrimas se ponen en una botella. [*Salmo 56: 8*] Dios no solo escucha tus oraciones, sino que le gusta escucharlas. Su corazón está abierto. Ya sea que responda directamente ahora o en el último día, cuando abra Su libro, sus oraciones brotarán como una preciosa fragancia.

En lugar de responder a las oraciones con un cambio en una condición física o circunstancias, Dios puede responder con un cambio espiritual en usted o en la persona por quien ora. La curación física es temporal; la curación espiritual es eterna. De cualquier manera, Dios ha respondido a tu oración. "... la oración de ellos subió hasta su santa morada, hasta el cielo." [*2 Crónicas 30:27 RV*] Recuerde:

- La oración es el recurso incansable del cristiano en cualquier caso, en cada situación.
- La oración es una puerta abierta que nadie puede cerrar.
- La oración nunca está fuera de tiempo.
- La oración nunca es inútil. Cuando Dios no responde a sus hijos según la letra, lo hace según el espíritu.

Dios puede demorar la respuesta a las oraciones 1) para mostrar Su poder y soberanía, 2) para su beneficio: aumentar su deseo, fervor, aprecio por Su misericordia, 3) eliminar algo que está mal en usted, o 4) mostrar más plenamente las riquezas de Su gracia. "Por tanto, el Señor espera para tener piedad de ustedes." [*Isaías 30:18 ESV*] Las oraciones aparentemente sin respuesta nunca se olvidan. Dios elegirá el momento para cumplirlos para mi deleite. Mientras tanto, seguiremos rezando.

América necesita oración; todos necesitan oración; necesitamos la oración. No hay escasez de necesidades de oración, solo escasez de creyentes e iglesias dispuestas a dedicar una cantidad significativa de tiempo a la oración. DEBEMOS hacer nuestra parte. La oración es una misión primordial de la iglesia y de los creyentes individuales. "... siempre deben orar". [*Lucas 18: 1 ESV*]

El 24 de diciembre de 1953, *el presidente Dwight Eisenhower* declaró al encender el Árbol Nacional de Navidad: "El mundo sigue estando dividido en dos partes antagónicas. La oración pone en oposición la libertad y el comunismo (socialismo). El comunista no puede encontrar ninguna reserva de fuerza en la oración porque su doctrina del materialismo y el estatismo niega la dignidad del hombre y, en consecuencia, la existencia de Dios. Pero en Estados Unidos ... la fe religiosa es la base del gobierno libre, por lo que la oración es una parte indispensable de esa fe".

Comprometerse a servir a Dios con amor y continuamente.: No hay nada en este mundo para fomentar la piedad de un cristiano, pero todo para destruirlo. "Guardaré mis caminos para no pecar con mi lengua; Cuidaré mi boca con un bozal, mientras los impíos estén en mi presencia." [*Salmo 39: 1 ESV*] El pecado incremental es tan vil como la abominación más extrema imaginable porque todo pecado es contra nuestro Creador, nuestro Dios todopoderoso.

Para Él TODO pecado es abominable. No hay espectro de pecado para diferenciar categorías de pecado. El pecado incremental es particularmente abominable, porque es más probable que debilite la fe de los creyentes cercanos a nosotros y obstaculice la conversión de los incrédulos.

La obediencia a Dios es la máxima expresión del amor. "Pero su deleite está en la ley del SEÑOR, y en su ley medita día y noche". [*Salmo 1: 2 ESV*] Hay muchos mandamientos en el antiguo pacto y en el nuevo. El amor de Jesús y la gracia del Espíritu Santo hacen posible la obediencia porque sin Dios, no puedo hacer nada, pero "todo lo puedo en Cristo que me fortalece". [*Filipenses 4:13 ESV*] En el nuevo pacto, la obediencia es una expresión de amor profunda en el alma, en lugar de una expresión profunda de autodisciplina.

"Los cambios más importantes serán realizados por personas cambiadas que serán guiadas por la sabiduría de lo alto y una vida inspirada en un propósito — el propósito de Dios... Nunca olvides, es sólo la iglesia — el cuerpo de Cristo — que las puertas del infierno, el engaño y la destrucción no puede prevalecer en su contra. Cristo en nosotros es la ÚNICA esperanza de que su gloria y gracia se revelen a las personas que andan a tientas en la oscuridad". Rev. James Robison.

Los creyentes son llamados "... hijos de Dios." [*1 Juan 3: 1, 2 ESV*] ¡Qué honor! Qué amor tan extraordinario tiene Dios por nosotros. Qué amor debemos mostrarle a cambio. La fe en Cristo lo hace fácil. Simplemente estamos devolviendo una parte del amor que Dios ya nos ha dado.

Cuando Jesús nos confronta personalmente, el mayor regalo que podemos darle es una vida piadosa (obediente). Independientemente de los pecados pasados, todavía tenemos tiempo para hacerlo mejor.

Todavía tenemos tiempo para el resto de nuestras vidas para vivir una vida tan piadosa como el Espíritu Santo lo permita. Con este fin, debemos estar comprometidos y dedicados.

Comprometerse a servir con amor y continuamente a su familia.: La familia estadounidense está en un completo desastre, como resultado de la extrema dilución de su definición y el abandono generalizado de las responsabilidades familiares, especialmente las responsabilidades de crianza de los hijos. Prácticamente todas las matanzas masivas, que no están asociadas de otra manera con el Islam, y las violentas protestas de las turbas provienen de la desintegración de la familia, que tiene sus raíces en el alejamiento cultural de Estados Unidos de Dios. Otros comportamientos negativos masivos y conflictos, que van desde comportamientos descorteses hasta acciones delictivas, surgen de las mismas causas. Sin embargo, la mayor parte del comportamiento peligroso permanece por debajo del umbral de los informes de los medios.

La familia es la ÚNICA manera en que los valores y las virtudes divinas pueden transmitirse de manera sostenible de generación en generación y para la posteridad. Cada hijo es un regalo precioso de Dios, independientemente de las circunstancias de la concepción y debe ser criado como tal por los padres biológicos, excepto en circunstancias atenuantes extremas. A medida que la familia continúa derrumbándose, solo el caos de valores puede transmitirse al futuro.

A menos que los creyentes judeocristianos se comprometan masivamente a restablecer y reconstruir la familia, la América que disfrutamos nosotros y 400 años de nuestros antepasados se ha ido. Dios bendice el amor y la obediencia, los cuales comienzan en la familia.

Servir a Dios DEBE siempre brotar del amor genuino. Ese amor comienza visiblemente sirviendo a la familia. *Si el amor no es visible en la familia, no será visible en ningún otro lugar.* <u>Después de la salvación, el mayor regalo de Dios es la familia.</u>

El núcleo de la civilización y de cualquier cultura es la familia. La familia es fuerte y estable en la medida en que es la iglesia MÁS LOCAL. Tu familia DEBE ser siempre una iglesia. Es la evidencia más visible y poderosa del amor de Dios y el perdón supremo proporcionado por el sacrificio supremo de Jesucristo. "... la iglesia en tu casa". [*Filemón 1: 2 ESV*] Se espera más de una iglesia que de una casa común:

- *Adoración familiar*, es decir, un tiempo devocional familiar DEBE, en tal caso, ser más devoto y cordial;
- *Amor interno* DEBE ser más cálido e ininterrumpido, y
- *Conducta externa* DEBE ser más santificado y semejante a Cristo.

Una familia visiblemente amorosa crea oportunidades para compartir la fe para responder preguntas de observadores curiosos o envidiosos.

El éxito de la iglesia organizada más grande depende del éxito de la iglesia familiar. La cultura estadounidense no se puede reparar sin antes reparar con celo el hogar y la familia. La casa no se puede reparar sin la prominencia y el dominio de Dios. ¡A *medida que se va el hogar, se va América!* Para obtener más orientación, lea *The Godly Home*, de **Richard Baxter**, (2010) Crossway Books. Es una presentación poderosa, pero fácil de leer del hogar amoroso, bíblico y piadoso.

¡NINGUNA CULTURA O NACIÓN HA SOBREVIVIDO JAMÁS A LA RUPTURA DE LA FAMILIA!

Edward Everett Hale, sobrino nieto del héroe revolucionario, Nathan Hale suplicó: "Si alguna vez se siente tentado... a... poner un obstáculo entre usted y su familia, su hogar y su país, ore a Dios en su misericordia para que lo lleve en ese instante a su hogar en su propio cielo."

Las relaciones amorosas en el hogar son posibles gracias a Dios y refuerzan nuestro amor por Dios. Qué trágico es que los hogares estadounidenses, incluidos los hogares de muchos creyentes, hayan sido divididos por las fuerzas de Satanás. Nuestros hogares en la tierra DEBEN convertirse una vez más en una imagen de nuestro futuro hogar con Dios en el cielo. Después de todo, Él habita en ambos lugares. "El Dios eterno es tu morada." [*Deuteronomio 33:27 ESV*]

Dios es nuestra morada, nuestro hogar: 1) Es en el hogar donde nos sentimos seguros. 2) En casa, descansamos. 3) En casa, dejamos que nuestro corazón se suelte. 4) En casa es el lugar de nuestra más pura y verdadera felicidad. 5) También es para el hogar que trabajamos y trabajamos. Juntos, reconstruyamos la familia de Dios y la familia de Dios.

Comprometerse con la religión familiar diaria: La religión comienza en casa; el amor comienza en casa. DEBEMOS compartir el amor de Cristo primero en casa y luego irradiar hacia afuera. DEBEMOS compartir una preocupación sincera por la salvación primero en casa y luego con los demás.

El tiempo devocional diario de vital importancia para la familia une y une amorosamente a la familia mucho más que cualquier otra actividad. Si hay niños en casa, seleccione materiales apropiados para la edad para compartir. Si no hay hijos, disfrute del tiempo devocional con su cónyuge. Las familias con un devocional y un tiempo de oración vibrantes rara vez se separan. Recuerde, el tiempo devocional familiar nunca se elevará más alto que el tiempo devocional personal del cabeza de familia. Luego, comparta pensamientos personales y espirituales durante el resto del día.

"Si los libros religiosos no circulan ampliamente entre las masas de este país, no sé qué será de nosotros como nación. Si la verdad no se difunde, se producirá el error;

Si Dios y Su Palabra no son conocidos y recibidos, el diablo y sus obras ganarán la supremacía; si el volumen evangélico no llega a todos los caseríos, sí lo harán las páginas de una literatura corrupta y licenciosa; si el poder del Evangelio no se siente a lo largo y ancho de la tierra, la anarquía y el mal gobierno, la degradación y la miseria, la corrupción y las tinieblas reinarán sin mitigación ni fin." *Senador Daniel Webster*, 17 de junio de 1843 El riesgo expresado por el senador Webster puede minimizarse o evitarse reconstruyendo la familia estadounidense, anclando a la familia en una religión familiar vibrante.

Comprometerse a no perder el tiempo: La vida es un punto entre dos eternidades. La falta de tiempo es tu enemigo de toda la vida. Use su tiempo en esta vida de la manera más sabia posible, reconociendo a Dios como la prioridad más alta seguida por la familia, no por la carrera. La vida es extremadamente corta, como lo apreciará cada vez más con la edad. La recreación regular no es una pérdida de tiempo; es un descanso y una recuperación necesarios de las presiones y ansiedades físicas y mentales de la vida. Por supuesto, Dios creó el sábado para el rejuvenecimiento espiritual.

Comprometerse a romper las cadenas del materialismo excesivo:
La prosperidad es una de las deliciosas bendiciones de Dios, pero
también puede apelar al orgullo. El Señor advierte: "... es Él quien les
da poder para hacer riquezas, a fin de confirmar Su pacto que juró
a sus padres, como en este día." [*Deuteronomio 8: 17-18 NASB*]
La prosperidad solo se convierte en un problema cuando, como un
ídolo falso, compite con Dios.

El materialismo excesivo continuo es riesgoso porque aleja a una
*persona de Dios*con el engaño de la autosuficiencia (consulte el
capítulo cinco). "En mi prosperidad dije que nunca me movería".
[*Salmo 30: 6 KJV*] La prosperidad abundante y su búsqueda
enérgica a menudo se vuelve adictiva, alejando a las personas de
otras prioridades de la vida, haciendo que se conviertan en esclavos
virtuales del materialismo. La pereza espiritual de los creyentes
materialmente acomodados también debilita sustancialmente su
capacidad para compartir su fe con los demás.

En comparación con la mayoría en todo el mundo, los
estadounidenses disfrutan de las bendiciones de una abundante
prosperidad. Sin embargo, el materialismo excesivo está matando
nuestra cultura, porque la sobreabundancia frecuentemente distrae
de Dios. Sin sus gracias incondicionales, ningún hombre puede
tener abundante prosperidad. Pablo escribió: "... yo sé abundar."
[*Filipenses 4:12 ESV*] Es una lección divina saber cómo estar lleno.
Es imposible aprender y retener esa lección sin Dios. Señor, que
nunca olvidemos cómo estar llenos.

Los placeres físicos (materialistas) nunca pueden satisfacer las
necesidades espirituales. Culturalmente, las "tiritas" políticas nunca
pueden detener una hemorragia espiritual. Ya sea individual o
culturalmente, esta vida es una red de relaciones interpersonales
que SÓLO puede prosperar con una transformación piadosa de

los que reciben en donantes. La transformación se llama amor. La transformación final es por el amor de Dios en el momento de la salvación.

Comprometerse a NO dejarse adormecer por todas las acciones violentas, inmorales y ofensivas que ve y oye: Los medios de comunicación están llenos de basura y noticias angustiosamente negativas. Si los creyentes no tuvieran la confianza en las Escrituras y la "... paz que sobrepasa todo entendimiento," [*Filipenses 4: 7 ESV*] podría ser fácil dejarse arrastrar por la acumulación de ansiedades y pensamientos deprimentes. Sin embargo, el Señor ha prometido: "... no temas, porque yo estoy contigo; no desmayes, porque yo soy tu Dios; Te fortaleceré, te ayudaré, te sostendré con la diestra de mi justicia." [*Isaías 41:10 ESV*] Contrario a las presiones de la cultura moderna, nuestra conciencia debe estar cada vez más sensibilizada, no insensibilizada.

Gran parte de la negatividad actual proviene del concepto de hace cincuenta años de que una persona debe o no debe decir o hacer ciertas cosas por temor a que de alguna manera, en algún lugar del universo, alguien pueda sentirse ofendido. La "ofensa" puede ser tan pequeña como pronunciar una sola palabra. El concepto se conoce como corrección política. Se ha consagrado en cincuenta años de derecho consuetudinario y, más recientemente, en el derecho estatutario.

Si la gente deja de buscar cosas que los ofenden y comienza a buscar cosas que los inspiran, tendríamos muchas más posibilidades de sobrevivir como individuos y como país. "A menudo estamos preocupados, pero no abrumados; a veces con dudas, pero nunca desesperado; hay muchos enemigos, pero nunca estamos sin un amigo; y aunque a veces estamos gravemente heridos, no somos destruidos." [*2 Corintios 4: 8-9 GNT*] "Ponte de acuerdo con Dios y estarás en paz; por eso te vendrá bien." [*Job 22:21 ESV*]

Dios ordenó hace mucho tiempo la cruz de la aflicción para cada vaso de misericordia, para cada creyente. "Si el mundo te odia, debes saber que me ha odiado a mí antes de odiarte a ti". [*Juan 15:18 ESV*] La cruz de la aflicción es nuestra marca real; es nuestra marca. Es el momento en que los creyentes brillan; es el momento en que los creyentes se distinguen más visiblemente de los incrédulos. Es el momento de mayor testimonio de los creyentes.

Quitar con amor la mancha en la vida de los demás [*Mateo 7: 7 ESV*]

Solo cuando hayamos quitado la viga de nuestros propios ojos como creyentes, tendremos credibilidad para discutir la mancha en los ojos de los incrédulos. Los compromisos anteriores abordan nuestro propio registro; los compromisos posteriores abordan nuestros esfuerzos por influir en los demás.

Comprometerse a compartir regularmente las buenas nuevas acerca de Jesús.: El mundo, incluidos los líderes políticos y religiosos, odiaba a Jesús porque el mundo caído es malo. Si expresas el amor de Dios y tu amor por Jesús de manera visible, el mundo también te odiará. Si el mundo no te odia, tu representacion y amor por Cristo no es visible. Una vida notablemente recta proporciona una gran plataforma para compartir el mensaje del Evangelio con los demás. La plataforma suscita la envidia y la curiosidad de los incrédulos que de otra manera serían desdeñosos.

Puede ser difícil observar la diferencia entre un creyente y un incrédulo cuando ambos disfrutan de buena salud y prosperidad. Pero que ambos caigan en la mala salud y en los malos tiempos, entonces la luz de Dios brillará intensamente a través del creyente, o debería. Recuerde esto si tiene un impedimento físico debido a una enfermedad o lesión.

Incluso entre los más viles de los viles, Dios tiene un pueblo elegido que debe ser salvo. Jesús ora por los elegidos entre los inconversos. Ya los ha comprado. Son Suyos, cuando llega el momento predestinado. Obedecerán. Deben hacerlo porque no se puede resistir al Espíritu Santo cuando viene con la plenitud del poder. Jesús ha hecho todo lo posible para preparar y alentar la salvación de los elegidos. Nuestro único trabajo es abrir la puerta a la gloria infinita de Dios. Eso se llama testificar. "... tengo mucha gente en esta ciudad ..." [*Hechos 18:10 ESV*]

El tiempo y el lugar de la conversión es providencial. La gracia prepara el alma. El Señor abre el corazón. "... cuyo corazón el Señor abrió ..." [*Hechos 16:14 RV*] El ÚNICO trabajo del incrédulo es decir "sí" en un espíritu de arrepentimiento. La evidencia de la conversión es la obediencia, primero en el bautismo y luego en el amor a Dios, a los demás y a las Escrituras.

Compartir las increíbles noticias de la salvación en Jesucristo es nuestro mayor honor y privilegio. NUNCA DEBEMOS rehuirlo ni sucumbir al silencio de la corrección política. La corrección religiosa del glorioso mensaje de salvación de Dios es mucho más importante y poderosa. Dios nos ayude a ponernos de pie libre y rutinariamente, destacar y hablar sobre tu maravillosa e increíblemente asombrosa salvación. "Me he convertido en todo para todos, para que por todos los medios pueda salvar a algunos." [*1 Corintios 9:22 ESV*]

Comprometerse a aprender y discutir con frecuencia el papel íntimo del cristianismo en todas las etapas de la historia de Estados Unidos.:

La historia NO es simplemente una cronología de eventos notables, líderes gubernamentales famosos, guerras e invenciones. La verdadera historia es SU HISTORIA; es el patrón a muy largo plazo del aumento y la disminución de la relación del hombre con Dios.

A lo largo de la historia, incluida la historia de Estados Unidos, es Dios quien ha bendecido y recompensado el comportamiento amoroso y obediente de las personas, los grupos y las culturas. Es Dios quien ha retirado Su mano de bendición de los individuos, grupos y culturas orgullosos, sin amor y rebeldes. Si las consecuencias positivas o negativas de varios comportamientos son naturales, permitidas por Dios o realmente habilitadas por Dios, hace poca diferencia. Las consecuencias son reales y forman parte del plan de Dios para su pueblo.

Durante casi 400 años, la llamativa y hermosa mano de bendición de Dios ha estado sobre América, primero como colonias y luego como Estados Unidos. ¿Por qué? Todo el país disfrutó de las bendiciones de Dios y de la intervención directa periódica, porque un número significativo de personas estaban amorosamente comprometidas a hacer lo correcto a los ojos del Señor. El sistema de valores bíblicos que surgió impregnaba la cultura e influía en la mayoría de las personas, tanto creyentes como incrédulos.

Sin embargo, la rebelión ha aumentado drásticamente durante los últimos 70 años, volviéndose cada vez más flagrante y desafiante, como si la cultura estuviera agitando su puño colectivo en el rostro de Dios. No es sorprendente que la cultura estadounidense se haya deteriorado sustancialmente. El amor infinito de Dios le impide aceptar o aprobar tal rebelión. A medida que la gente continúa alejándose más de Dios, Su mano de bendición se retira cada vez más. El resultado es el caos reportado en las noticias diarias.

Para obtener más información, consulte el libro del Dr. Stebbins, Target America — Target YOU! Estados Unidos necesita desesperadamente una masa crítica de creyentes dedicados a aprender sobre la influencia de Dios en la historia de Estados Unidos y, con amor, a discutirla a menudo con tantos otros como sea posible. "... el amor cubre multitud de pecados." [*1 Pedro 4: 8 ESV*]

Comprometerse a hablar con frecuencia sobre la interdependencia entre la iglesia y el estado: En el último medio siglo, la interpretación al revés extrema de la separación de la iglesia y el estado prácticamente ha borrado la conexión vital y la interdependencia de la iglesia y el estado. Por supuesto, la institución organizada de gobierno y la iglesia organizada deben estar separadas. El gobierno federal NO tiene autoridad comercial o constitucional directa para interferir con la iglesia de ninguna manera. Sin embargo, existe una interdependencia asombrosa y vital de la que depende la existencia misma de los Estados Unidos.

Bíblicamente, la verdadera iglesia es la gente, no una organización religiosa. En particular, la iglesia es un cuerpo de creyentes comprometidos con Jesús el Mesías, el Dios-hombre que es una parte de la Santísima Trinidad. "Y él [el Señor Jesucristo] es la cabeza del cuerpo, la iglesia..." [*Colosenses 1:18 ESV*] "¿No sabes que eres el templo de Dios y que el Espíritu de Dios mora en ti?" [*1 Corintios 3:16 ESV*]

La interdependencia vital surge de la idea de que todos están hechos a imagen de Dios y, por lo tanto, son dignos de amor, respeto y deferencia. Una cálida disposición a ceder ante los demás y obedecer las leyes del gobierno en la mayor medida posible es una enseñanza bíblica esencial y una meta de la mayoría de los creyentes. La predisposición a hacer el bien está en oposición directa con la predisposición de los incrédulos y algunos creyentes débiles a hacer el mal o debilitar su percepción de lo "correcto", especialmente para beneficio personal.

El respeto voluntario de la ley es mucho más fácil de administrar para el gobierno que una falta de respeto y rebelión cada vez mayores, que requiere una gama cada vez mayor de leyes mucho más complejas y un aparato de aplicación masivo en continua expansión para administrar. Un gran número de personas debe aprender sobre la interdependencia incorporada en la Constitución. ¡La educación de los demás comienza con USTED!

Comprometerse a hablar con frecuencia sobre el asombroso regalo de la libertad de Dios.: Después de la salvación (libertad espiritual de la esclavitud del pecado), uno de los mayores dones de Dios es la libertad cívica. Dios es la ÚNICA fuente de libertad; no hay otro. Los gobiernos solo pueden reducir o negar la libertad como lo hacen con cada ley aprobada y cada aparato de monitoreo y aplicación creado por nuevas leyes.

Los Fundadores nos legaron la mayor cantidad de libertad en toda la historia registrada, la mayor libertad desde el Jardín del Edén. El regalo de Dios desprotegido es el regalo de Dios desperdiciado. Libertad desprotegida es libertad dilapidada.

"Dios que nos dio la vida nos dio la libertad. ¿Pueden las libertades de una nación estar seguras cuando hemos eliminado la convicción de que estas libertades son un don de Dios? De hecho, tiemblo por mi país cuando pienso que Dios es justo, que su justicia no puede dormir para siempre." *Jefferson Memorial*, Washington, DC "Los derechos del hombre no provienen de la generosidad del estado, sino de la mano de Dios." *Presidente John F. Kennedy*, discurso inaugural, 1961

Comprometerse a no abusar o mal usar la tecnología: Todos disfrutan de los claros beneficios y la absoluta conveniencia de la tecnología moderna, hasta el punto de tener una poderosa tecnología en su persona en todo momento, excepto en la ducha. El peligro es que la tecnología puede consumir demasiado tiempo, formar hábitos e incluso ser psicológicamente adictiva.

El uso excesivo y la dependencia de la tecnología interfieren con las relaciones familiares y otras relaciones interpersonales de vital importancia, el crecimiento personal y el logro de muchos objetivos valiosos. Propóngase dejar a un lado deliberadamente sus dispositivos técnicos favoritos a la hora de las comidas, durante las reuniones y otros momentos en los que los dispositivos puedan crear interferencias innecesarias. Reduzca su propio uso de tecnología al mínimo.

Comprometerse a amar a Estados Unidos tanto como a los Fundadores y a la mayoría de las personas a lo largo de la historia de Estados Unidos.: "Estados Unidos es una república donde la gente llega a gobernarse a sí misma. Si un estadounidense no respeta la bandera, lo que esa persona está diciendo en realidad es que ya no quiere ser rey. Quieren que alguien más gobierne su vida, que es la definición de esclavitud." **Presidente Calvin Coolidge**, (1924)

Jesús derramó Su sangre y murió en la cruz tortuosa para liberar a los hombres de una vez por todas de la esclavitud del pecado. Durante la Guerra de la Independencia, unos 6.800 estadounidenses derramaron su sangre y murieron para liberar a los colonos de la esclavitud cívica de Inglaterra. Desde entonces, alrededor de 1,2 millones de militares derramaron su sangre y murieron para proteger y defender el precioso regalo de Dios de la libertad cívica de cualquier esclavitud adicional a otras naciones. NUNCA falte al respeto el derramamiento de sangre por USTED a nivel espiritual o cívico.

"Ellos [los Fundadores] entendieron que son los excesos del gobierno y la voluntad de tener poder de un hombre sobre otro lo que ha sido una fuente principal de injusticia y sufrimiento humano a lo largo de los siglos. Los Padres Fundadores entendieron que solo haciendo del gobierno el sirviente, no el amo, solo poniendo la soberanía en el pueblo y no en el estado, podemos esperar proteger nuestra libertad y ver prosperar la mancomunidad política." *Presidente Ronald Reagan* (1983) Estados Unidos sigue siendo la tierra más grande de todas. Es un regalo de Dios. Debemos amarlo, "hasta que la muerte nos separe".

Comprometerse a votar sin falta: Los Fundadores hablaron sobre emitir un "voto solemne" o un "voto sagrado". En el siglo XX, el presidente **Calvin Coolidge** abogó por tratar el voto como un "sacramento." *Votar es la más sagrada de todas las responsabilidades ciudadanas.*

"*Que cada ciudadano recuerde el momento en que está ofreciendo su voto* que no está haciendo un regalo o un cumplido para complacer a un individuo, o al menos que no debería hacerlo; pero que está ejecutando uno de los fideicomisos más solemnes en la sociedad humana por el cual es responsable ante Dios y su país. Nada es más esencial para el establecimiento de las costumbres en un Estado que todas las personas empleadas en lugares de poder y confianza sean hombres de carácter impecable. El público no puede sentir demasiada curiosidad por el carácter de los hombres públicos." *Fundador Samuel Adams*

"La Providencia le ha dado a nuestro pueblo la elección de sus gobernantes, y es el deber, así como el privilegio e interés de nuestra nación cristiana, seleccionar y preferir cristianos para sus gobernantes. Los estadounidenses son las primeras personas a las que el cielo ha favorecido con la oportunidad de deliberar y elegir las formas de gobierno bajo las cuales deberían vivir". Presidente del Tribunal Supremo, *John Jay*, Tribunal Supremo de los Estados Unidos (1789-1795)

"Impulsar a los niños la verdad de que el ejercicio del sufragio electivo es un deber social de naturaleza tan solemne como el hombre puede ser llamado a realizar; que un hombre no pueda jugar inocentemente con su voto; que cada elector es un fideicomisario tanto para los demás como para **él** mismo y que cada medida que apoya tiene una influencia importante en los intereses de los demás y de los suyos propios." *Senador Daniel Webster*

Según una encuesta realizada por la Victims of Communism Memorial Foundation, el 70% de los Millennials de los Estados Unidos (de 23 a 28 años) dicen que es probable que voten por los socialistas, muchos por ignorancia, porque crecieron en un sistema escolar corrupto. Los creyentes y conservadores de todo tipo deben votar en grandes cantidades para compensar y superar los votos socialistas.

Comprometerse a contactar a los políticos: Los votantes tienen mucha más influencia de lo que la mayoría cree. Los políticos son sensibles a las llamadas telefónicas, los correos electrónicos y los mensajes de texto. Dependiendo del nivel de gobierno, los políticos consideran cualquier forma de contacto representante de miles o cientos de miles de otros votantes, que simplemente no se toman el tiempo necesario para contactar a sus políticos. ¡Piensa en ello! Su "voto" por llamada telefónica, correo electrónico o mensaje de texto tiene el impacto de hasta 100.000 votantes potenciales que no logran establecer el contacto.

Haga una lista de los políticos que lo representan a usted y a su familia a nivel local, estatal y federal. Incluya números de teléfono y direcciones de correo electrónico en la lista. Mantenga la lista en un lugar visible y conveniente. Según sea necesario, llame por teléfono, envíe un correo electrónico o envíe un mensaje de texto a los políticos enumerados. Todo lo que es necesario para indicar que apoya o se opone a una legislación o un proyecto de ley actualmente pendiente ante un ayuntamiento, una legislatura estatal o el Congreso de los Estados Unidos. Al usar el teléfono, rara vez o nunca terminará hablando directamente con un político. Se encontrará principalmente dejando mensajes de correo de voz o hablando brevemente con un miembro del personal. No se puede subestimar la urgencia de este asunto.

¡Comprométete a decir no, no, no! a la corrección política, la política de identidad, el movimiento despertar, la cultura de la cancelación, la teoría crítica de la raza y la censura de las grandes tecnologías: "No hay paz ... para los malvados." [*Isaías 48:22, ESV*] "Pero gracias a Dios, que nos da la victoria por medio de nuestro Señor Jesucristo." [*1 Corintios 35:57 RV*] Estas palabras de moda reflejan una mentalidad de turba; los ciudadanos son penalizados por la cultura sin las protecciones legales del debido proceso; Se destruyen carreras y reputaciones por usar una palabra o frase inaceptable.

Corrección política requiere que nadie ofenda a otro. Sin embargo, aceptar requiere ofender a Dios al permanecer en silencio frente a la maldad (maldad) y luego aceptar, alentar, abogar y promover activamente la maldad. La corrección política, el movimiento despertar, la cultura de la cancelación, la teoría crítica de la raza y la censura de la gran tecnología son todos intentos de eliminar la "luz del mundo" (USTED). La oscuridad esconde todo pecado. El amor conquista todas las cosas al aire libre; el mal destruye mientras se esconde en la oscuridad. El amor es humildad al servicio de los demás; el mal es el orgullo egoísta.

Hoy en día, muchos clérigos no predican la plenitud de la Palabra de Dios. Algunos incluso respaldan pecados obvios como las relaciones LGBT. Pero Pablo exhorta a todos los creyentes a "animarse unos a otros al amor y a las buenas obras". Cuando son fieles para hacerlo, la mayoría amará la verdad y clamará contra los pecados públicos desenfrenados del día. Los ministros DEBEN hacer brillar la luz de Dios sobre TODO el bien y el mal en TODAS las áreas de la vida, incluida la arena política. Si no lo hacen, nadie más lo hará tampoco.

Cada actividad extraña que se lleva a cabo en la actualidad tiene como objetivo, en última instancia, aplastar al cristianismo. Los cristianos se ven cada vez más obligados a apoyar el pecado. Por ejemplo, los médicos cristianos son presionados u obligados a realizar abortos. Prácticamente todos los servicios que apoyan las bodas tradicionales están siendo presionados u obligados a apoyar las "bodas" LGBT. Muy pocos libran las batallas legales; la mayoría de los demás capitulan. DEBEMOS defender a Jesús.

La raíz de esta batalla de palabras de moda se percibe como pseudojusticia instantánea versus misericordia genuina. Considere la famosa petición de piedad de Portia en la escena de la sala del tribunal de *El mercader de Venecia* de **Shakespeare**, acto 4, escena 1.

La cualidad de la misericordia no se agota;
cae como la suave lluvia del cielo sobre el lugar de abajo.
Es dos veces bendecido: bendice al que da y al que toma.
'Es el más poderoso en el más poderoso;
se convierte en El monarca en trono mejor que su corona.
Su cetro muestra la fuerza del poder temporal, El atributo de
asombro y majestad.

Donde se sienta el pavor y el temor de los reyes;
Pero la misericordia está por encima de este dominio cetro.
Está entronizado en el corazón de los reyes;
Es un atributo de Dios mismo;
Y el poder terrenal se muestra como el de Dios
cuando la misericordia condimenta la justicia.
Por tanto, judío, aunque la justicia sea tu súplica, considera esto:
Que en el curso de la justicia ninguno de nosotros debería ver
la salvación.
Oramos por misericordia, y esa misma oración nos enseña
a todos a rendir las obras de misericordia. He hablado tanto
para mitigar la justicia de tu alegato,
que, si sigues,
este estricto tribunal de Venecia debe dictar sentencia contra el
comerciante de allí.

Shakespeare, "... cuando la misericordia sazona la justicia". puede
haber sido inspirado por, *"La misericordia triunfa sobre el juicio."*
[**Santiago 2:13 ESV**] o "Bendito sea el Dios y Padre de nuestro Señor
Jesucristo, que según su abundante misericordia nos ha engendrado
de nuevo para una esperanza viva mediante la resurrección de
Jesucristo de los muertos," [**1 Pedro 1:3 NKJV**] No hay piedad en la
corrección política, el movimiento del despertar, cancelar la cultura
o la censura de las grandes tecnologías.

"Estas son las cosas que debéis hacer: hablaos la verdad unos a
otros; juzga con verdad y juicio por paz en tus puertas. Además,
ninguno de ustedes trama maldad en su corazón contra otro,
y no ame el perjurio; porque todo esto es lo que yo aborrezco,
*'declara el SEÑOR." [**Zacarías 8: 16-17 NASB 1977**]*

Una palabra final

En 1969, Kurt Keizer escribió la popular canción "Pass It On". La canción comienza con: "Solo se necesita una chispa para encender el fuego y pronto todos los que están alrededor pueden calentarse en su brillo. Así es con el amor de Dios una vez que lo has experimentado. Difundes Su amor a todos. Quieres transmitirlo." ¡USTED *debe ser la chispa, a partir de hoy!*

Humanistas Trabajar incansable e incansablemente con un compromiso total para lograr sus objetivos, sin importar el costo. Los creyentes son a menudo cobardes de rodillas débiles que fácilmente abandonan sus objetivos para evitar que los insulten. Con el amor de Jesús y el poder del Espíritu Santo, DEBES proclamar sin temor Su evangelio, defender todo lo que es bueno y oponerse a todo lo que es malo.

La apatía o la tibieza son letales en cualquier nivel. Cristo sabe que tanto la aflicción como el consuelo evocan las fragancias agradecidas de la fe, el amor, la paciencia, la esperanza, la resignación, la alegría y el otro fruto del Espíritu Santo. Debemos estar totalmente sometidos a Cristo según lo habilitado por el Espíritu Santo.

Cuando los israelitas fueron llevados cautivos por Babilonia y Asiria, los creyentes nacen en el cautiverio del pecado. La salvación afirma que Cristo pagó la pena del pecado. Sin embargo, el creyente continúa siendo perseguido por la tentación de pecar a lo largo de esta vida. Las tentaciones finalmente terminan cuando Dios llama al creyente a su hogar en el cielo.

"Moisés pasó 40 años pensando que era alguien; 40 años aprendiendo que no era nadie; y 40 años descubriendo lo que Dios puede hacer con nadie." **D.L. Moody** Puedes saltarte la sesión de tutoría de 120 años de Dios y ser usado para grandes cosas ahora.

"Soy solo uno, pero soy uno. No puedo hacer todo, pero puedo hacer algo. Lo que puedo hacer, debo hacer y, con la ayuda de Dios, lo haré." **Edward Everett Hale**, sobrino nieto del héroe revolucionario Nathan Hale.

¿Seremos cobardes o vigilantes?
¿Serás cobarde o vigilante?

América te necesita
La urgencia nunca ha sido mayor.
Entra en la batalla.
Hazlo ahora

Sobre el Autor

$\mathcal{E}$ l Dr. Lloyd H. Stebbins ha realizado un viaje personal durante unos veinte años, durante los cuales experimentó la convergencia de varios factores en su vida personal y profesional. Personalmente, cuidó de su difunta esposa durante todo el día durante siete años. Sufría de una enfermedad neurodegenerativa crónica similar a la enfermedad de Alzheimer que finalmente le costó la vida. A pesar de la obvia tragedia y los desafíos personales, fue una experiencia que cambió su vida de manera monumental. Durante los tiempos difíciles, cuando otros a menudo le daban la espalda, la presencia del Señor era tan real para el autor como otra persona que compartía el mismo sofá. Las recompensas emocionales y espirituales evocadas por cuidar a un ser querido demasiado discapacitado para comunicar cualquier forma de aprecio son tan grandes que desafían toda descripción y son en gran parte desconocidas en la cultura estadounidense moderna y egocéntrica.

Esa intensa experiencia personal y otras junto con las observaciones personales desencadenaron el surgimiento de una preocupación desgarradora por la caída de la familia y el colapso de la cultura estadounidense. Las observaciones e inquietudes durante décadas aumentaron en los últimos años. El camino hacia la decadencia familiar y cultural se describe y detalla en su libro, Wake Up America — or Die !: YOU Must Save America and the Family–The Undeniable

Crisis. El libro complementario, YOU Must Save America and the Family-The Awesome Remedy, desarrolla el camino hacia el éxito familiar y en la vida.

La obtención de títulos académicos duales tanto en ciencias naturales, incluida la ingeniería química, como en gestión empresarial permitió al Dr. Stebbins apreciar plenamente los éxitos espectaculares del método científico de investigación y también cuestionar su aplicación ciega a las ciencias sociales. Desde sus inicios, la fascinación del público por el método científico se extendió rápidamente por toda la civilización occidental y finalmente dominó prácticamente todo el pensamiento y el comportamiento ordinarios, aunque sin la terminología científica sofisticada. Hoy, la ciencia se ha convertido en una fe, al menos fuera del mundo científico, que exige una obediencia casi absoluta.

La combinación de experiencias personales y profesionales evocó una creciente conciencia de que la cultura judeocristiana se ha alejado de Dios en las últimas décadas, a solo unos pasos de la deriva de la cultura secular de fondo. La última conclusión ineludible es que prácticamente todas las controversias sociales modernas tienen sus raíces en esa deriva. La resolución de las controversias se basa en revertir la tendencia al menos entre los creyentes judeocristianos y recuperar el significado real de la libertad, que es un regalo del Creador, no del gobierno.

El Dr. Stebbins actualmente trabaja en varias universidades como profesor adjunto que imparte cursos de ciencias naturales y administración de empresas. Puede ser contactado en lsteb@ brighthouse.com.

La experiencia editorial del Dr. Stebbins incluye un libro, en coautoría con la Dra. Judith Reisman, titulado America — Dark

Slide; Bright Future y otro libro reciente, Target America — Target YOU! así como una tesis doctoral y cientos de artículos para publicaciones periódicas.

Despierta América, o muere;
USTED debe salvar a América y a la familia-
La innegable crisis

Despierta América, o muere;
USTED debe salvar a América y a la familia-
El remedio impresionante

América, específicamente los
Estados Unidos de América, ha
sido verdaderamente bendecida
de maneras extraordinarias a
lo largo de la mayor parte de
su historia en este continente.
Sin embargo, en los últimos
cincuenta años ha habido

un declive fácilmente observable y mensurable en la cultura
estadounidense. La importancia del desarrollo del carácter a lo
largo de la vida se ha perdido en gran medida.

La verdadera comprensión del vínculo íntimo e ineludible entre la
cohesión de la familia tradicional y la cohesión y sostenibilidad de la
cultura estadounidense se ha desvanecido rápidamente. Los niños
se han vuelto virtualmente desechables por el aborto, la negligencia
o entregándolos a extraños para que crezcan con una procesión
interminable de guarderías, programas y escuelas patrocinados por
el gobierno y niñeras, mientras que mamá y papá dedican su mejor
y más alto tiempo de prioridad en perseguir a los niños. La elusiva
"carrera exitosa".

La definición milenaria tradicional, bíblica y única sostenible de la
familia se está diluyendo rápidamente hasta casi el olvido. El declive
ha llegado al punto en que todas las instituciones importantes

(medios de comunicación, educación, política y entretenimiento) están dominadas e impulsadas por personas con una mentalidad humanista impulsada por la evolución, a menudo sin Dios. El monstruo del declive se lanza hacia el caos o el control totalitario del gobierno de todos los aspectos de la vida. La libertad se está convirtiendo en poco más que una leyenda que los ancianos mayores relatan con sus nietos y bisnietos.

Si eso no le asusta o al menos le molesta seriamente, lea los libros. Si es así, lea los libros, que siguen el rastro desde la lucha de los Fundadores por la libertad codificada en la Declaración de Independencia y la Constitución de los Estados Unidos hasta las desesperadas y caóticas condiciones de hoy. Los primeros cinco capítulos tratan de la innegable crisis. Los capítulos 6 a 7 inician el viaje hacia el asombroso remedio. El segundo volumen completa el asombroso viaje. En cierto sentido, este libro está dirigido a la audiencia más amplia posible. Pero en otro sentido, lleva un mensaje especialmente urgente y convincente a un grupo más específico de creyentes judeocristianos. A menos que una parte sustancial de los creyentes se sienta inspirada a convertirse en parte del asombroso remedio, el asombroso país que heredamos eventualmente dejará de existir.

Estos dos elegantes volúmenes proporcionan un gran manual para todos los aspectos de la vida cristiana. Las secciones convincentes analizan la historia cristiana contemporánea, el gobierno, la vida familiar, el amor, la felicidad, la madurez y la libertad. Los capítulos adicionales ofrecen soluciones intensamente prácticas para las controversias culturales contemporáneas. Finalmente, los libros ofrecen puntos de vista cristianos detallados de la ciencia, la música, el arte, la educación y, finalmente, un plan específico para un cambio práctico real, comenzando con la familia, extendiéndose a través de la iglesia y finalmente a la cultura estadounidense.

Los libros cuentan con el respaldo de 27 poderosos apoyos, muchos de figuras conocidas a nivel nacional o internacional como Josh McDowell, la Dra. Judith Reisman, William Federer, el General de División Bob Dees, el Ejército de los EE. UU. (Retirado), el Dr. Michael Brown, el Dr. Frank Turek, El entrenador Bobby Bowden (retirado), el rabino Daniel Lapin, David y Jason Benham, el Dr. Jerry Vines y una multitud de ministros de una diversa gama de denominaciones y rabinos.

Encuentre los libros en Amazon, Barnes & Noble, Books-A-Million y muchos otros puntos de venta. Los libros están disponibles en edición de bolsillo y en línea (Kindle / Nook).

Considere otro libro poderoso del Dr. Lloyd Stebbins. En los Estados Unidos de hoy, el movimiento liberal / progresista / socialista / humanista / marxista / globalista sostiene que la Constitución debe evolucionar con los tiempos. 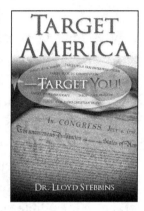 Usan jueces inconformistas para forzar la evolución constitucional, pasando por alto el gobierno previsto "del pueblo, por el pueblo y para el pueblo". Los riesgos de una evolución constitucional incontrolada son abrumadores. Tenga en cuenta que una Constitución en evolución solo puede "evolucionar":

- Lejos de dios
- Lejos de la libertad
- Lejos de las raíces de la historia espiritual de Estados Unidos

Los tres son precisamente para lo que se diseñó la Constitución. El mismo movimiento liberal / progresista / socialista / humanista / marxista / globalista (todo derivado de una filosofía similar de no-dios) se dedica agresivamente a negar tu libertad. El movimiento se dirige a USTED y a todos los anclajes (protecciones) de la libertad, incluida la Constitución de los Estados Unidos, el sistema económico de libre empresa, la democracia (en realidad una república representativa), los valores judeocristianos y la familia tradicional.

¿Por qué? Simplemente esto. Todo lo claramente estadounidense que ha hecho a Estados Unidos grande y claramente diferente del resto del mundo se opone diametralmente a los objetivos de este movimiento antiamericano extremo. Abraham Lincoln dijo:

"Noblemente salvaremos, o perderemos mezquinamente, la última y mejor esperanza de la tierra (libertad)".

Hoy, estamos presenciando y experimentando directamente una feroz batalla librada entre los creyentes en la magnífica sabiduría de Dios y la sabiduría del hombre, severamente incompleta y defectuosa. Bíblicamente, "Porque no luchamos contra sangre y carne, sino contra los gobernantes, contra las autoridades, contra los poderes cósmicos sobre las tinieblas presentes, contra las fuerzas espirituales del mal en los lugares celestiales". [Efesios 6:12 ESV] La batalla en los lugares celestiales se ha hecho evidente de manera gráfica e ineludible en los lugares terrenales, es decir, en nuestro mundo, ante nuestros propios ojos. La batalla domina el ciclo de noticias de 24 horas todos los días.

La libertad es un regalo de Dios y solo Dios. Los colonos estadounidenses recibieron el mayor regalo de libertad desde el Jardín del Edén. Sin embargo, ha habido personas a lo largo de la historia decididas a quitarle la libertad a los demás. La "sabiduría" del hombre busca implacablemente el poder, justificándolo al afirmar que los autoproclamados "mejores y más brillantes" (quienesquiera que sean) deben tener el poder de tomar decisiones importantes en la vida de todos los demás. La utopía percibida por el hombre siempre ha producido tiranía (dictadura de una forma u otra). El poder solo puede consolidarse cuando se niega la libertad. losEl movimiento liberal / progresista / socialista / humanista / marxista / globalista solo puede negar con éxito la libertad después de destruir primero los anclajes de la libertad, que son todas manifestaciones de la fe de los colonos y los Fundadores.

El patrimonio determina ineludiblemente el destino. Una memoria cultural es uno de los anclajes más importantes y también una base para sustentar cualquier cultura. Si los cristianos no muestran la historia cristiana para que otros la vean, nadie más lo hará. Si perdemos la historia cristiana, nuestra cultura perderá el cristianismo.

Una iglesia silenciosa y huestes de creyentes silenciosos ruegan por la calamidad. Ya sea ordenada por Dios o simplemente permitida por Dios como resultado natural del pecado individual y colectivo, la catástrofe es inevitable. SOLO se puede evitar mediante 1) el mayor despertar de todos los tiempos O 2) un cuerpo de creyentes que ora fervientemente y esté dispuesto a levantarse, destacarse y hablar en apoyo de todas las cosas buenas y en oposición a todas las cosas malas.

SOLO DIOS PUEDE HACER FLOTAR UNA CULTURA ESTADOUNIDENSE QUE SE HUNDE. LOS CRISTIANOS SON LA CONCIENCIA DE LA NACIÓN. SI LOS CRISTIANOS NO SE PONEN DE PIE, SE DESTACAN Y SE PRONUNCIAN APOYANDO TODO LO BUENO Y OPONIÉNDOSE A TODO MAL, ESTADOS UNIDOS NO TIENE CONCIENCIA.

Este libro combina la perfecta historia cristiana de Estados Unidos con soluciones prácticas y positivas al caos cultural actual. Encuentre el libro en Amazon, Barnes & Noble, Books-A-Million y muchos otros medios. El libro está disponible en edición de bolsillo y en línea (Kindle / Nook)

También puede disfrutar del libro anterior del Dr. Stebbins en coautoría con la Dra. Judith Reisman. Un hombre, poco conocido hoy en día, hizo más para destruir la cultura cristiana estadounidense que 100 personas famosas más que pueda elegir en la lista. Su nombre era Dr. Alfred Kinsey, supuestamente el "sexólogo" más importante del mundo en su época (1930-1950). Su supuesta "investigación" ha sido ampliamente citada en un gran número de juicios penales, revistas de derecho y miles de artículos académicos en revistas de sociología y psicología.

Sin embargo, décadas más tarde, la Dra. Judith Reisman demostró y demostró que Kinsey era un fraude total cuyo trabajo no calificaría hoy como investigación bajo ninguna definición. Más bien, un investigador actual que intente duplicar el trabajo de Kinsey probablemente sería arrestado por cientos de cargos de pedofilia infantil. Aunque Kinsey murió en 1956, su devastador legado vive en las profesiones legales, sociológicas y psicológicas, así como en el Instituto Kinsey de la Universidad de Indiana. El instituto y su progenie son responsables de prácticamente todos los materiales de educación sexual utilizados en los sistemas de escuelas públicas del país.

¿Como paso? Armado con un doctorado de la Ivy League, el ateo Kinsey obtuvo decenas de millones de dólares de la Fundación Rockefeller y fue apoyado con entusiasmo por uno de los fundadores de la Unión Estadounidense por las Libertades Civiles (ACLU, por sus siglas en inglés), que tenía vínculos con varios magistrados del Tribunal Supremo de los Estados Unidos. Corte. Kinsey encabezó el cargo de revisar el Código Penal Modelo del Instituto de Derecho Estadounidense, que luego se utilizará para derogar o debilitar sustancialmente todas las leyes de moralidad. A lo largo de su carrera, publicó libros sobre la vida y los hábitos sexuales de los estadounidenses utilizando material derivado de entrevistas con prostitutas y personas en prisión por delitos sexuales, extrapolando fraudulentamente sus "hallazgos" al público estadounidense en general. Su trabajo fue ampliamente aceptado por un público entusiasta en un momento en que la palabra "sexo" apenas se susurraba en público.

El daño causado por Kinsey es incalculable. Sin embargo, la segunda mitad del libro proporciona, en un lenguaje fácil de leer, un plan para que los creyentes judeocristianos combatan la devastación y restauren las virtudes y valores bíblicos tradicionales que han estabilizado a Estados Unidos durante 400 años. El plan comienza y depende de SU propia familia y de una clara comprensión del diseño y plan de Dios para la familia. En una cultura decidida a destruir a la familia, el cuerpo de creyentes puede y debe luchar. Es más fácil de lo que piensas.

Encuentre el libro en Amazon, Barnes & Noble, Books-A-Million y muchos otros medios. El libro está disponible en edición de bolsillo y en línea (Kindle / Nook)

CPSIA information can be obtained
at www.ICGtesting.com
Printed in the USA
LVHW112307170322
713623LV00014B/425